序 言

　　拙著前書《史學三書新詮－以史學理論爲中心的比較研究》，誠如副標題所揭示的，是重視「史學三書」的史學思想、史學理論與史學方法論的比較研究，而核心在史學理論，基本上是史學史的取向。而拙著本書《中國傳統史學的批評主義》，選取中國傳統史學之中批評性和系統性最強的《史通》和《文史通義》兩書併論，基本上則是批評史學的研究取向，方法仍以比較法爲主。書中以史評、事評、人評三大方面，立爲三章，一一審視劉、章兩氏透過史學批評的總結、批判和創新，建立其批評史學，而貫串全書架構者，其內蘊實際是存在於兩氏史家心目中的批評意識。

　　此書構思已久，然因生性疏懶及授課繁多，尤其每年皆有新課，準備費時，竊意又常存不能誤眾生之念，竟然一拖數年仍未著墨。此番多蒙系內黃秀政教授、王英男教授、吳昌廉教授、宋德喜教授、陳靜瑜教授及師大吳文星教授等諸賢，多方惕勉，不時督促，終使自己謝絕人情、排除俗務。鎮日居於斗室之中，揮汗疾書，艾歷多時，始致此書有面世之日。草擬原稿之間，多承中興歷史所系盧文婷、卓季志、周淑娟、邱雅萍諸位同學，犧牲課餘時間，全力配合，或幫忙電腦打字，或整

理文獻，致使撰述工作尚稱順利流暢，在期限之前完成全稿。

　　以上系內先進之提攜與同學之插肋，謹在此敬申謝忱，而台灣學生書局鮑經理邦瑞兄慨允付印，亦當一併申謝。書中應仍有不盡妥善之處，敬祈博雅，不吝指正。最後，謹以此書獻給內人楊月娥女士，感謝她十數年來人生旅途的多方扶助，以及操持家務、教學冗忙之餘，亦爲此書之校訂盡力良多。

作者謹序
二〇〇二年仲夏

中國傳統史學的批評主義
——劉知幾與章學誠

目　次

第一章　緒　論

第一節　研究緣由與撰述取向

重拾劉知幾（661-721）、章學誠（1738-1801）這兩位中國近代以前著名史學理論大家的典著《史通》與《文史通義》來做研究，主要原因在基於下述兩大重要思考線索：

一、針對兩氏史學理論，近年由於教、學之便，愈是深入鑽研，愈覺得兩書餘蘊未盡，猶待掘藏。即使一來筆者已有《劉知幾史通之研究》《史學三書新詮——以史學理論爲中心的比較研究》兩書的刊刻，意下猶有未足；二來台灣史學界近年來已較能正視傳統史學理論，立篇發論，其中不乏定見高論，成果丰碩，但仍可期待。❶

---

❶　拙著兩書，前者由台北文史哲出版社出版，1987，200頁，對《史通》多作思想性的闡釋；後書由台北台灣學生書局印行，1997，462頁，則透過比較法，尋繹《史通》、《通志》、《文史通義》三書之間的聯繫、對立、承繼、發展等各項關係，找出其異同優劣及相關的理論體系、脈絡。近年來，有關傳統史家對古代中國史學理論的論著之研究，尤其劉知幾章學誠之史學理論的相關研究已有多篇，詳請參書後附錄參考及徵引書目。

　　二、置中國史學於世界史學潮流之中，每見西方正統史家對中國史學的漠視輕視，令人難過沮喪，乃至義憤填膺，茲舉兩例證之，如浦朗穆（J.H.Plumb 1911－）曾云：「中國人追求博學，然永遠沒有發展批評史學（the critical historiography）。批評史學是過去兩百年西方史學的重要成就。中國人永遠沒有意思視歷史爲客觀的瞭解（objective understanding）」，❷又說：「二十世紀早期的中國學者運用歷史資料，其實際目的，無殊於唐朝或漢朝。在其傳統綜合的基本原則範圍內，他們偶而能瞥及超乎朝代更替的制度的發展，但是中國歷史永遠沒有發展自我批評與發現（self-criticism and discovery）的方法，無情的考驗通則（the relentless testing of generalization）有目的蒐求文獻以證明假設，而此爲西方歷史的特徵」。❸另一有名的史家白特費爾德（Herbert Butterfield , 1901-1979）也曾說：「中國考據學（textual criticism）的發展，未能到達一較高境界，不配我們稱之爲批評。換言之，即爲未能對證據作科學的評價與分析」「中國歷史太有特徵被稱之爲資治歷史（civil service history）了」「中國人能做龐大的分類工作，能編纂驚人的百科全書，並且能出產他們數不盡的瑣碎餖飣的地方史，但是他們不能到達我們所謂的『綜合』（synthesis）的境界，

---

❷　J.H.Plumb，*The Death of the Past*，1969, pp.12~13。

❸　同註❷，頁87~88。

他們沒有發展歷史解釋的藝術」。❹西方學者的批評，固有其見地，亦極富啓發作用。中國史家固應拜受其言，而思所以創新。然而西方史家或種因於民族自我中心或固有成見，或種因於知識限制，僅憑少數翻譯作品據以論斷，實難免予人以一種近乎鑿空立論之感，不爲無憾。

　　學貫中西，擅於中西史學比較的杜師維運教授對於近世紀以來的上述現象，即慨歎地亦公允地指出這些西方的正統史家，他們對中國史學的瞭解往往是極爲間接的，僅憑一般印象及牢不可破的成見即對中國史學作出論斷，所以每每荒謬離奇，盡失學術水平。杜師說：

　　　　當他們頌揚近代西方文化最富歷史觀念，而批評中國文
　　　　化極度缺乏重視歷史的觀念與態度時，殊不知重視歷史
　　　　的文化，中國已發展達數千年之久了；當他們認爲文藝
　　　　復興以後西方史學已突破通往真歷史的最後障礙—希望
　　　　窺探往事的真相，已發展出批評史學時，殊不知中國的
　　　　希望窺探往事真相的史學意識，早在上古時代，即已形
　　　　成，而其批評史學的出現，也已有兩千年以上的歷史了；
　　　　中國的修史，非盡如他們所謂純爲官方事業；中國史學

---

❹　Herbert Butterfield ,"History and Man's Attitude to the Past", in *Listener* ,21 September ,1961.譯文則採杜師維運，《中國史學史》第一冊（作者自印。台北：三民書局總經銷，1993），頁13~18。

的珍貴，也絕非僅在史料的浩繁。❺

識鑑及此，杜師以爲舉證與西方史學家細細討論，乃是學術上的眞理之爭，刻不容緩，故而發憤撰寫一部翔實寬闊的中國史學史，以見中國史學在世界史學叢林中所佔的地位。杜師宏願，偉哉雄哉，洎乎今已見二冊中國史學史問世，厚達七百餘頁，確是史學界乃至整個學術界之盛事。其書必造福萬千學子，鑴刻人心。❻

受到杜師的啓發與感染，竊心亦嚮往之，本擬有所蠢動，然自思斗筲譾陋，不敢唐突。❼遂退而自忖，若能在第一條線索的舊有基礎上，再有所別裁，以闡發劉章史學餘蘊，補述拙撰兩書未遂意之處，實亦勉強可行。故而遂擬以第二條線索中之西方史家每每批評中國史學缺乏批評意識，作爲本書的問題核心所在，探討中國史學是否確實缺乏批評意識？爲了突出此

---

❺　杜維運，《中國史學史》第一冊，頁22~23。

❻　杜師發願撰述多卷本《中國史學史》，可謂時機已至，應勢而出。前此各家多撰單冊成書之史學史，已略嫌單薄與粗糙，質量皆有待提升。杜師此書採多卷本，擬分三階段敘述，寫成三冊。（見第一冊〈自序〉，頁6）如今已按原計劃，撰就兩冊，分別於1993，1998刊行，吾人更盼另冊，甚或另兩冊、三冊能及早問世，以饗後學。

❼　撰述中國史學史，須才學博深如杜師者始能爲之，一般現代後學，古學既不深邃，西學又力有不逮，罕能卓然成爲大家，乃勢之必然耳。吾固不敢爲之，然竊意亦以爲史學史目今固不能爲，亦願降格爲大學生編撰一本《中國史學史常識》、《中國史學史解題》或《中國史學史Q&A》一類的基礎性讀物，作爲進階之用。

一中心論題，筆者選擇唐代劉知幾的《史通》和與《史通》並稱古代史學理論「雙璧」的清代章學誠之《文史通義》，一起來審視中國史學是否並未具備批評精神？

其實，中國古代的史論，大多散見於各類書籍之中的片言隻字，或分佈於前序後贊之中。西漢賈誼的三篇〈過秦論〉是歷史批評專文出現的開始。以後歷代史家承襲此習，偶或論批，但一直都是散篇。直至唐代劉知幾《史通》問世，史學批評理論才從文人的散論與史籍之附論中獨立出來，形成專著。❽《史通》分內外篇，內篇評論史書體例、史料採集和表述要點；外篇評論史官設置、史籍源流和史家得失。而《文史通義》則是繼《史通》之後，又一部史學批評專著，書中對清代以前的史書體例有更廣泛的評述，更精深的探討。也就是說，劉章兩氏的《史通》《文史通義》是中國史學史論中最具完整體系的批評專著，也是最具資格來讓西方正統史家認識中國史學精髓之一的批判代表著作。當然，我們必須組織若干論據加以論證，不能憑空只說如是。這就是下述所談的本書架構與章節微旨，透過相關的分析來建立客觀的成就，以取信於世人。

---

❽　史評之作，《左傳》、《史記》已啓其端。賈誼有〈過秦論〉、陸機有〈辨亡論〉，啓論史之風。後韓愈、柳宗元、蘇洵、蘇東坡等，亦皆有評史之文。其後王夫之《讀通鑑論》及《宋論》皆有極高價值；趙翼《廿二史劄記》亦是史評翹楚。然史評之巨著固始於《史通》。

第二節　本書架構與章節微旨

　　本書既以「批評」爲核心而論中國史學，首當瞭解批評的意義，依《辭海》的解釋是「對於事物加以剖解並評定其是非優劣」，而批評主義（criticism）則是「凡取批評態度從本源上研究哲學，不取前人成說或假定一種原理，以爲立論根據者」，又稱批判論，是一哲學名詞，德人康德（Immanuel Kant 1724-1804,A.D.）創之。本書使用「批評主義」一辭，其實並沒有特別的涵義，理由簡單只有兩個：一、從前述的定義來看，副標題的兩位史家劉知幾與章學誠，在《史通》、《文史通義》所展現的「批評」特質，從本源上研究史學，也決不蹈襲前人成說，在在均甚符合《辭海》定義。二、筆者拜讀浦立本（E.G. Pulleyblank）所撰〈中國歷史批評主義：劉知幾與司馬光〉，其中即以劉氏的批評主義或批判論逕稱其史學❾，浦氏對劉氏史學的了解和闡釋，在西方世界有其先驅者的地位。若其認可，則吾人何必枝節旁生，橫造異端？因而，筆者沿用其辭以稱述長遠以來的批評史學傳統。

　　批評的客體，即是中國傳統史學，意義上相對於現代史學，

---

❾　E.G Pulleyblank , Chinese Historical Criticism : Liu Chih-chi and Ssu-ma Kuang . in W.G.Beasley and E.G. Pulleyblank eds, *Historians of China and Japan*（London：Oxford Univ.Press，1961）pp.140~150。

故本書所論之斷限，侷限於中國近代以前（Pre-modern）的史學，亦即大陸學界習稱的「古代」史學，而且僅限於史學（historiography），不及其他層面。儘管如此，所涵蓋的年代已經頗長，直從上古落於清代，約有三千年之久。要全面論述，事殊匪易，筆者才亦不足以敷，故僅能選擇其中最具代表性的史家其中一二，做爲個案來探討，以覘知整個批評史學的重要流變。故本書即選擇專看劉知幾與章學誠兩大史家主體，如何批評古代中國史學？在批判之餘，又如何提出新論，建立新說，來提昇整個史學發展的水平，推動史學發展的進化。本書擬透過下列的章節架構的安排，來達此目標：除前後之〈緒論〉、〈結論〉兩章以外，重點完全放在〈史評〉、〈事評〉、〈人評〉三章，排除一些基礎的生平事略、思想概述、時代背景等等史料性質的敘述，直接入手析論。

〈史評〉章專就史學理論層面範圍之內的史料、編纂、校讎、目錄諸學，看劉、章兩氏在這些方面的卓見，其中涉及到史學的宗旨、體裁、體例、義例、門類、功用等方面不同的主張，即本章五個節次所要探討闡述的內容。從這裏可以審知兩位古代史家批評史學絕異但互通之處，得而掌握兩氏史學的精旨及史學理論結構的變化。

〈事評〉章則以兩位史家所曾經共同面臨過的課題來論述，與一般所謂「事評」是指歷史事件的評述，看法是不同的，有必要在此特別聲明，以免混淆了。他們對官局修史、史官條件、文士修史這三件事情都有共同的經驗，也都提出嚴厲批評

和解決之道，竟也形成其史學理論體系一個重要部分，故值得
探討。

〈人評〉章是本書主體——劉、章兩氏針對傳統史家的批
評作分類：㈠從人格類型的不同看史家撰史的風格之相異；㈡
從史書內容和行事作風去分析史家品格的善惡高低，並做斷
奪；㈢從史家修史工夫的特色去評斷技藝之好壞所在。當然本
章所呈現的重點在人物本身，而不在史學理論與史學課題，本
書已做區分。

凡上三章所涉及的範疇，都在可比較性（Comparability）
的原則下來撰述的，若僅牽涉個人絕學，則不包括在內。

第二章　史　評

　　本章針對歷史之宗旨、體裁、體例、功用等類分別論述，以悉劉知幾、章學誠兩氏相關之宏論。由於兩氏對古史的發難攻訐，以致古史常有體無完膚、盔甲全丟者，然究其實則因兩氏之批評，方有新論新見之建立，而充實豐富了傳統史學。

第一節　治史宗旨：史法與史意

　　治《史通》的學者，多謂《史通》是一部：㈠、史評（historical criticism）之書，如紀昀總纂的《四庫全書總目提要》列《史通》爲史評類的第一部書；㈡、謂係史論（historical discussion）性質，如章實齋在《校讎通義・史考摘錄》云：「至於諸家蔚興，短長互見，遂有專門討論，勒成一書，若劉氏《史通》是也」；浦立本（E.G. Pulleyblank）亦云在他所見到的任何語文當中，《史通》是第一本有關歷史寫作的論述。❶㈢、亦有學者以爲《史通》是一部講「史法」的書，如章學誠所謂「鄭樵

---

❶　W.G. Beasley and E.G. Pulleyblank eds，*Historians and China and Japan*（London：Oxford Univ. press. 1961）p.136

有史識，而未有史學；曾鞏具史學，而不具史法；劉知幾得史法，而不得史意」❷；呂思勉《史通評》亦云：「中國論作史之法，有特見者，當推劉知幾、鄭漁仲、章實齋三人」。❸同一部《史通》竟有三種不同的說法，猶如鄭樵的《通志》，有的學者說是紀傳體裁的通史，有的說是典制史的三通之一，有的說是一部類書，近來則有學者說是史學三書之一❹，說法不一而足。然則《通志》仍是《通志》，始終如一。《史通》雖有「史評」、「史論」、「史法」等不同性質的說法，但其實這三種論述並不互相衝突，史評可說是史法的一種表現形式，劉知幾在《史通》的內、外篇章之中透過批評的方式，建立正確的史法；也有學者以為《史通》基本上是屬於「史論」的作品，亦有見地，這個「論」字，可作「討論」、「理論」、「論評」來解，除第三解與前述重覆之外，劉知幾都以之作為抒發、討論史學理論，尤其編纂方法論的憑藉、場所，當然，其最後目的仍不外乎提供後世史家一個正確的撰史觀念和態度。因

---

❷ 章學誠，《方志略例·和州志偶自敘》，收在新編本《文史通義》（台北：華世出版社，1980），頁398。

❸ 呂思勉，《史通評》（台北：台灣商務印書館，1971，台二版），頁55。

❹ 張舜徽氏首用「史學三書」稱述《史通》、《通志》、《文史通義》，在其《史學三書平議·引言》（北京：中華書局，1983）：「往余啟導及門讀史，先之以《史通》《通志·總序》《文史通義》三書，謂必閑於前人評史之言，而後能考鏡源流，審辨高下。循序漸進，庶有以窺見治史門徑」。後，拙著，《史學三書新銓》（台北：台灣學生書局，1997）即追效前賢，以史學理論為中心作「三書」的系統比較研究。

此，吾人可謂不論「史評」或「史論」，原則上都是用來闡釋
劉知幾對「史法」所持的見解，三者意義之所在，誠無二致。
而其價值與重要性，由後世學者多就史法一層來立說，亦可見
之。由此，也可以明瞭紀昀置《史通》於「史評」類，與章學
誠以「史法」來強調劉氏之史學，其實是各有所見，但互不違
戾。

　　前引章學誠說「鄭樵有史識而未有史學；曾鞏具史學，而
不具史法；劉知幾得史法，而不得史意」，可看出章學誠以史
家應具備的才、學、識三長來觀察鄭樵、曾鞏（1019－1083）、
劉知幾等人之長短，其論評大致無誤。在章氏的詞彙裡，史識代
表義理，他以此贈與鄭樵；史學指考據，他以此屬之曾鞏；史才
表示詞章，文中則未詳列其人，此或係章氏心目中，「識」、
「學」都比「才」更為重要，一般史家即能擁有史才，故缺而
漏談❺，而劉知幾則三長俱有，只是缺乏「史意」。章氏最後
此句是否正確，頗有學者疵議，以為只是章學誠用以自辨其學
迥異於劉知幾而已，是他「《文史通義》所為作也」的緣由。
章學誠還說：「劉言史法，吾言史意；劉議館局纂修，吾議一家著
述，截然兩途，不相入也。」❻，也是強調劉知幾有史法，而不知
有史意。鄭樵有「史識」，所以撰成獨見別裁的《通志》，劉知幾

---

❺　《文史通義》的〈說林〉（頁127），〈史德〉（頁147~150），〈詩
　　話〉（頁165），皆強調「識」的重要。有關才學識史才三長論，詳參
　　本書第三章第二節「史官條件說」所舉述。
❻　《文史通義·家書二》，頁365。

有「史法」所以撰成著史法式的《史通》，爲兩人所以成獨步古今之學。然仍有未盡之意，故特著《文史通義》以「史意（義）」補之，是言頗有自高於劉、鄭之處，似亦頗有狂妄之病。就劉知幾所著《史通》而論，他所言固以「史法」爲主，但並非不知「史意」。他曾經自述「《史通》雖以史爲主，而餘波所及，上窮王道，下掞人倫，總括萬殊，包呑千有」，又說：「夫其爲義也，有與奪焉，有鑑誡焉，有諷刺焉。其爲貫穿者深矣，其爲網羅者密矣，其所商略者遠矣，其所發明者多矣」❼含義崇高且廣大。其所言之史法史例，又何者不與「秉事直書，善惡畢彰，眞僞盡露」的史意爲依歸？史家不盡此責，又何以能達天道之公意？所以史法史意，本爲表裡一體，並非截然兩途之事。許冠三說：「言史法者，必有其史意或史義存焉。苟無其意，法固無歸」❽，相對而言，章學誠亦非盡言史意，而完全不提史法。故而前述筆者論其評述鄭樵、曾鞏、劉知幾三氏者，說是「大致」無誤，即是此意，祇於史意與史法之間的區分，略不能自明，太過強調自己所長而已。至於其所謂所論係一家著述，與劉知幾議館局纂修，其實亦無多大之區別。關於這點，本書置於第三章〈事評〉第一節「官局修史制」，再略爲稍詳申論之，即此表過，不復提敘，以免重複雜遝，此處則

---

❼ 《史通釋評·自敘》（台北：華世出版社，1981），頁334。

❽ 許冠三，《劉知幾的實錄史學》（香港：香港中文大學出版社，1983），頁163~164。章氏之《方志略例》，多篇論及史法。

單論「史法」與「史意」。

　　歷史撰述的最高義在於求眞，重現歷史；史家欲臻於此境，則須講究歷史方法論。劉知幾既「傷於載筆之士，其義不純，故退而私撰《史通》，欲辨其指歸，殫其體統」❾，所以在《史通》的內、外共49篇的內容中，講述其「史法」。內篇10卷，計36篇，「皆論史家體例，辨別是非」；外篇亦10卷，共13篇，「則述史籍源流及雜評古人得失」。❿從評述唐代以前各家史著的得失優劣入手，以至於建立其個人的一家言。大抵劉知幾的史法，其內容可以包含兩個層次。一是史料學，涉及史料的蒐集分類、整理考訂、去僞存眞、汰蕪留菁等等工作；一是編纂學，關涉史籍體例、義例與內容撰述的問題。茲處略就此兩方面申述劉知幾的主要言見。

　　劉知幾在《史通·申左》等篇即將史料價值分爲親見與傳聞、原始文件與傳說、原始記錄與後來追憶等等不同的分類，約略相似於今日史學方法中所區分的「第一手資料」和「第二手資料」、「原料」與「次料」或「直接史料」與「間接史料」的差別，並建立一個史料的價值系統，如親見、原始文物、正

---

❾　《史通釋評·自敍》，頁334。

❿　《四庫全書總目提要》，卷88。所云《史通》分內、外篇，或本諸古書成例，蓋古多已有之，如《莊子》、《淮南子》、《抱朴子》，皆分內外篇，一般內篇是書中菁論，外篇則是補充或雜論。近人著書，如余英時，《論戴震與章學誠》（香港：龍門書店，1979）亦效古書分法，置內、外篇，即是一例。

史的史料分別要比傳聞、追敘、傳說、雜記、小說等等的價值要來得高；同時他也強調以史料的眞僞斷定史料之價值。眞史料的價值比起僞史料當然要高出甚多。劉知幾最痛恨的是非實錄的記載，這點由他在《史通》諸多篇章，一再申論的「直筆論」可以鑒知。直書是史家不二的天責，史家必須依據眞史料如實寫出歷史眞相，不可故意曲筆迴護。他在《史通‧直書》篇舉出「齊史之書崔弒、馬遷之述漢非、韋昭仗正於吳朝、崔浩犯諱於魏國」四例做為史家求眞的永遠典範，他們「雖身膏斧鉞，取笑當時，或書填坑窖，無聞後代」，仍值得後人追做。白壽彝倡直筆論，許冠三直接以「實錄」兩字拈出劉知幾史學的眞諦，皆是有鑑於斯。❶然欲直書實錄，即須講求史法。史料方面的言論，包含史料價值系統的建立，是劉知幾發前人所未發的，可以說是劉知幾發揚了過去史學的優良傳統。

　　但劉知幾在史料學方面的見解與主張，也就是撰史史法的基礎層面來言，則他的言論尚未盡善，至少有下列三點不足，於今可為一述：

　　㈠對史料的眞實性與分類，劉氏論析頗明，但對史料的訂正與考證，則不夠詳盡。因而《史通》之中有少數劉氏據以發論的資料，其本身即不甚正確，劉氏未加以過濾即用以立說。

---

❶　白壽彝，〈劉知幾的史學〉《中國史學史論集》（上海：上海人民出版社，1980）第二冊，頁67。許冠三，《劉知幾的實錄史學》（香港：香港中文大學出版社，1983），全書即以實錄直筆為主幹而論述。

㈡眞史料與僞史料的價值，勿庸置疑當然是前者高於後者，但唐代以前其實已存在若干虛僞史料，若能詳加考訂，仍可當作眞切的史料來應用，因爲史料本身有時也反映出一種歷史情況。劉知幾但取實錄眞料，似乎未鑑及此點。**⑫**

㈢未注意史料與史家的關係，劉知幾多就史料是否符合歷史情況著眼，而未瞭解史家個人的見解，也能左右史料的眞實性。**⑬**事實上史料的價值，不僅會隨時代而變，也會隨史家而變。史家能善用史料，則史料的價值即出。**⑭**歷史的建構，正需史家與史料兩者之間不斷交互溝通而後始成，兩者缺一不可。**⑮**

儘管劉知幾對史料的瞭解，還有以上三點缺陷，但平心而論，吾人不能完全怪罪於他。就第一點，針對史料的考證而言，整個唐代的學風並不重視考據，舉《史通·六家》篇的「尙書家」爲例來言，《古文尙書》唐時已是僞史料，但唐代所有學者皆不疑，劉知幾亦未疑，劉氏本是懷疑精神極強，敢疑古人所不敢疑者，如在《史通》的〈疑古〉、〈惑經〉以十二未諭和五虛美針對《春秋》、《尙書》、《論語》等古書大加質疑，

---

⑫ 參白壽彝，〈劉知幾的史學〉，頁100。

⑬ 白壽彝，〈劉知幾的史學〉，頁100。

⑭ 杜維運，《史學方法論》（台北：華世出版社，1979），第九章〈史料析論〉，頁143~144。

⑮ 卡爾（E H.Carr）原著，王任光譯，《歷史論集》（What is History）（台北：幼獅文化事業公司，1970），頁23。

甚至引起衛道學者的非議撻伐❶，但就是未懷疑《尚書》古文經部分是偽作的。這點一直要到宋代的吳棫、朱熹（1130－1200）、明代的梅鷟、乃至清代的閻若璩（1636－1704）、惠棟（1697－1758）等人時，才因考證翔實而終止這項學術公案，劉知幾生不在乾嘉時期，吾人無由責之。

就第二點來言，古人偽作史料，自有其理由根據，或假托古人以自重，或學派傾軋，故作古書，以壓抑對方，或故意作偽，以欺世盜名等等不一而足❷，然若能考出其人其時，亦可當作一種歷史情況來處理，此類史料並非毫無價值。然劉知幾懸實錄求真、名實相符為第一要務，故對作偽史料，全然排斥，《史通》之中，無一語論之者，可見其失。

至於就第三點重視史料，忽略史家來論，更不能責備賢者了。史料是史學的基礎，捨之，歷史學無以成立，以前曾有「沒有史料，沒有歷史」的說法❸，近世也有蔡元培、傅斯年等人所說「史學，便是史料學」之謂，承襲德國蘭克學派強調科學

---

❶　茲舉唐末宰相柳璨特著《史通析微》（另名《柳氏繹史》）十卷以駁議《史通》為例說明，柳璨以為《史通》犯了下述不可饒恕的錯誤：「妄誣聖哲，評湯之德為偽迹，論舜之惡為厚誣，謗周公云不臣，褒武庚以殉節，其甚於彈劾仲尼，因討論其舛謬，共成五十篇」。此段收在晁公武，《郡齋讀書志》，卷七。餘例尚多，請參拙著，前揭《史學三書新詮》，頁373~379。

❷　可參趙光賢，《中國歷史研究法》（北京：中國青年出版社，1988）第三章第四節史料的鑑別，列有八種作偽方法。頁106~111。

❸　引自杜維運，《史學方法論》，頁131。

客觀主義的史學。即使二十世紀，都尙有忽略歷史主體——史家的問題存在，吾人怎可強求於一千多年前八世紀初的劉知幾呢？

　　以上陳述的三點不足，是站在整個史學史來觀察的，因而顯現出劉知幾在史料學理論上的侷限性。吾人研究史學，應該站在當事者的那個時代來審視之，才能得其實，所論也才能得其平。若用己之所長，而攻人之短，或以後代已發展完整之成說，伐前人草創初室時的不完整性，則不止是個人修養上，也是「史法」上所不當爲的。因而，以上三點並非用來糾其缺失，而勿寧說是用來補罅其說的。

　　史料的問題底定之後，再則即是編纂學層面之事，也就是史書記載內容的型態的問題了。談及史書的編纂，首須涉及體裁，劉知幾論此多在《史通》內篇，特別是第一至第十篇，加上第三十二〈序傳〉篇，都是論正史編纂體例的。

　　劉知幾以爲古人著書，初無定體。後世爲方便於歸類遂強予立名。知幾省閱古今史冊，窮其原委，權而爲論，析流爲六，爲尙書家、春秋家、左傳家、國語家、史記家、漢書家，[19]於是古來史書體例，皆在此局之中。知幾又於六家之中，再提出「二體」，即《左傳》《漢書》所代表的編年、紀傳二體。[20]

---

[19]　《史通釋評·六家》，頁1。可參內山俊彥，〈劉知幾の史學思想〉，《日本中國學會報》第23集，頁52~55。

[20]　《史通釋評·二體》，頁37。

知幾於《史通》開章即提「六家」、「二體」四字，總領全書，千古史局竟不能越之。❷後來的史評家，無不以此四字爲其特有之成就。知幾先定下此局面，編於卷首，再於其後各個篇章糾舉古往今來之史冊而論，即有張本了。僅就此則而言，即知劉知幾有其史法了，而「二體」又較「六家」更爲精銳。《史通》分敍六家，統歸二體，則編年與紀傳都是正史❷，但知幾偏好紀傳體，故在其書內對紀傳書體及其義例，發言遠較編年體爲多。

之後即依序由紀傳體的〈本紀〉〈世家〉〈列傳〉〈表曆〉〈書志〉五體發論，詳評《史記》以下迄於唐朝諸史關於五體的寫法，他因而主張：〈本紀〉主述其義例在記天子與編年爲紀體，不可一違。知幾特別強調紀爲編年一義。〈世家〉專記天子以下之王侯，《史記》亦有其失，《漢書》改世家入列傳。〈列傳〉則記傑出人物，專記以一人爲一傳，實自司馬遷始。唯劉知幾以爲《史記》記項羽不應用本紀，而當用列傳；《後漢書》記后妃之〈皇后紀〉，其實應入列傳❷，《三國志》載

---

❷ 浦起龍，〈史通通釋舉要〉，在《史通釋評》正文之前，頁29。

❷ 劉氏之前，阮孝緒《七錄序》標紀傳爲國史，編年爲注曆；《隋書·經籍志》又改稱紀傳爲正史，編年爲古史；《舊唐書》仍取紀傳正史之名，別易編年之目，後代史志著錄相沿，莫之或改。故知二體之中，紀傳獨專正史之稱，並非與編年無分軒輊。如《玉海·國史類序》亦云：「編年其來最古，而皆以紀傳便於披閱，號爲正史。」

❷ 錢大昕，《廿二史考異》（台北：樂天出版社，1971）上冊，卷10，〈後漢書皇后紀〉上條，錢氏以爲〈皇后紀〉非始於范書，范書之前

孫、劉二帝，其實是紀，但卻呼之爲傳，都未達紀、傳之情。
㉔在〈表曆〉篇，劉知幾頗嫌《史記》之表文煩費㉕，但最受
知幾譏彈的還是《漢書·古今人表》，以爲與斷代爲史之斷限
名實不符。〈書志〉則主廢〈天文〉、〈藝文〉兩志，改增〈氏
族〉〈方物〉〈都邑〉三新志。之後接著〈論贊〉篇，史書最
後作者都會針對人物史事加以評騭，提出高論，如《左傳》的
「君子曰」，《史記》的「太史公曰」、一般史書的「史臣曰」、
《資治通鑑》的「臣光曰」等，但劉知幾以爲論贊煩顯不堪，
對史文應求簡要是天敵，故主去之。後代諸史受知幾此論影響，
多存論廢贊，或論贊皆去。㉖〈序例〉則敍作者及篇章旨意，

已有華嶠《漢後書》作〈皇后紀〉二卷，及王隱，《晉書》亦嘗爲后
妃立紀，見頁405。

㉔　《史通釋評·列傳》，頁59。知幾此論，應是基於史法的考量，並非
　　政治上正統論的取捨。有關正統論的問題，其中之曲折深微，可參饒
　　宗頤，《中國史學上之正統論》（台北：宗青圖書公司，1979景印初
　　版），〈附錄〉，資料三，頁299~300。

㉕　〈表曆〉篇嫌表文煩費，言云：「夫以表爲文，用述時事，施彼譜牒，
　　容或可取；載諸史傳，未見其宜」，然在《史通·雜說上》則云：「觀
　　太史公之創表也，於帝王則敍其子孫，於公侯則紀其年月，列行縈紆
　　以相屬，編字戢曹而相排。雖燕、越萬里，而於徑寸之內，犬牙相接；
　　雖昭穆九代，而於方寸之中，雁行有敍。使讀者閱文便觀，舉目可詳，
　　此其所以爲快也」。兩者互違，但以後說爲審諦。

㉖　《史通釋評·論贊》，浦起龍按語：「唐後諸史，有論無贊，皆陰奉
　　其誡，可知劉說之當理也」，《元史》紀傳即不綴論贊，其凡例述敕
　　旨云：「據事具文，善惡自見也」，可謂符劉氏原意，見頁102。

宜貴簡質嚴明。劉知幾此則即由批評魏晉以後的史書序例多不明暢所致。〈序傳〉則是作者自敘，往往殿於書末。然東漢揚雄（53B.C.－A.D.18）以降，多誇尙爲宗，已失眞律。尤其唐宋以下設立官局，史書已非一人一家之書，故無〈序傳〉之必要了。㉗以上所述都是專論正史，特別又著重在紀傳體的體例與義例，這些全是劉知幾論史法的精旨。

體裁既定，次重編纂語言問題。體裁是形式，而語言則是本體之一。因爲「史之爲務，必藉於文」㉘，劉知幾以爲歷史雖係古人之事，但並非寫給古人看的，其對象應是當代人乃至後代的人，所以基本上他反對用過去陳死的古代語言敘事，而主張用當時流行的語言。也就是說，他在語言上亦主「隨時之義」，此亦是歷史求眞的要求之一，即因如此，他對擬古仿古即曾嚴厲批判，視之爲今古不分，眞僞相亂。㉙

體裁與語言兩項決定之後，劉知幾復就內容型態一一論述。於茲簡要敘之，〈題目〉主史書與篇帙皆應有名，且標題名稱必須與內容相符才行。在此，他貫徹一向所主張的「名實論」。〈斷限〉主史書所載，應有明確的年代與對象，不應逾

㉗　《史通釋評·序傳》，浦起龍按語，頁299。

㉘　《史通釋評·敘事》，頁211

㉙　《史通釋評·言語》：「夫天長地久，風俗無恆，後之視今，亦猶今之視昔。而作者皆怯書今語，勇效昔言，不其惑乎！苟記言則約附五經；載語則依憑三史；是春秋之俗，戰國之風，互兩儀而並存，經千載其如一，奚以今來古往，質文之屢變者哉！」，見頁180~181。

越其界限。篇中批評《漢書》之後的史書，多有越限之非，導致有體例不清之弊。〈編次〉論正史編排應有次序，如紀、志、傳不能倒置，亦不可錯分。〈稱謂〉必須符合當時，不可故用古稱，同時諡號與廟號不可弄混，尊卑亦不能約舉雜稱。〈採撰〉宜廣，道聽塗說與街談巷議多失實違理，不宜誤採。〈載文〉主撥浮華，採貞實爲本。〈因習〉主史事有貿遷，貴在「隨時」之義，因習仿古，則不達史情。〈邑里〉主記載歷史人物的原籍地或地名時，須記當時實際名稱，不可刻意復古，採取舊號。〈摹擬〉述撰史摹倣古書當取神似，勿取其貌似，所謂「貌異心同」可也，「貌同而心異」則不可。〈書事〉敘史家撰史當本荀悅（148－209）的「五志」及劉氏所加之「三科」。〈人物〉則論史家所載人物當有勸善懲惡的作用，此篇當與〈品藻〉〈直書〉〈曲筆〉同讀，因皆具史文去取之目的，有勸誡作用。〈煩省〉則述史之詳略煩簡，古今不同，是形勢所使然，不必強求。凡上，可知劉知幾在編纂史法上的諸多大要。此中誠如其所自云：「其爲網羅者密矣，其所商略者遠矣，其所發明者多矣」。[30]劉知幾這些批評古史撰述之言論，無論史料之整理考訂、甄別選擇或編纂型態之講究、援用，都足以看出劉知幾本人在才、學、識三方面的功力，劉知幾在上述篇章中的引論，都以其才學識三長做爲底蘊而發出的精論，其史論之高峻、鑿深乃至周延之處，歷代少人能及，是以其史法之論，得

---

[30] 《史通釋評·自敘》，頁337。

以蔚成獨步古今之學。

《史通》全書的骨幹即在「史法」，余英時曾說：「說實在的，劉知幾決非章實齋之比。《史通》所能及的問題，始終未能邁出撰史體裁的範疇」❸，也認為《史通》最大的貢獻即在編纂學方法論上。余氏的話，前半應當無誤，章學誠生在劉氏之後千餘年，所承襲的史學遺產遠較劉氏為多，自應較劉氏高明；但下半句話則未必全對，《史通》固然以論撰史體裁性質居多，但若說「始終」或「完全」未能邁出史體的範疇之外，則恐專治《史通》的學者不會完全同意，《史通》談到史識史德也談到天命，其內容並非純粹只有史學，當然更非只論撰史體裁而已。❸

近來亦有言者謂：「史法比史才、史學、史識、史德重要，因為史才、史學、史識、史德四種要靠史法來培養及陶冶，才能表現出來，我們可以說史法是上面四者的靈魂」❸，亦十分強調史法的重要，幾乎可說把史法無限上綱了。但筆者對於這項說法，並不十分贊同。才、學、識、德是史家或史官的素質

---

❸ 余英時，《歷史與思想》（台北：聯經出版事業公司，1976），頁208，註❻。

❸ 雷家驥，〈從劉知幾「明鏡說」析論傳統史學理念的一個模式〉，《東吳文史學報》第9期，1991。同氏，〈唐前期國史官修體制的演變〉，同上學報第7期，1989。對劉知幾有較正確之評見。亦可參考拙著，《史學三書新詮》，頁378。

❸ 郭紀青，〈劉知幾與《史通》〉，《臺中師專學報》第10期（1981.6），頁108。

或修養，「才」是指史書的表達形式，包括文字表達和編纂形式，文字表達即是文采；「學」是指史家的知識學問，以及掌握和鑑別史料的能力；「識」是指研究歷史的觀點和方法；至於「德」則是著書者的心術，四者俱是歷史主體─史家應有的修養，應備的條件，得其中一長已屬不易，兼四尤難。關於才、學、識、德，本書將置於第三章第二節再詳論，為免重複起見，此處即直抒管見。才、學、識、德四長，史家具備愈多愈好。我們知道史家的品質會決定歷史眞實的可信度，才、學、識、德俱佳者，必爲良史，其所撰之史必善。因其才學識德必在所撰之史著中呈現出來，也就是才學識德必凝聚落實於其史著之中，展現出是一部合乎「史法」的著述。換言之，史法是可以看得到，才、學、識、德則是肉眼不能看到，是在抽象層次而非形象具體的，然其展露於史書當中，吾人即可由其書是否合於史法，如言論是否正確？文采是否生動？尤其書中所展現的識見是否高邁抑或平庸？甚至最基本所使用的史料是否已經經過鑑別甄選了？其中種種的優劣良窳，在在需要才學識德的具體運用。劉知幾在他的《史通》已爲吾人做了最佳的示範，其三長素養已在《史通》展現「史法」的成果。如果筆者如此理解劉知幾的三長論及其《史通》的方式是正確的，則前文「因爲史才、史學、史識、史德四種是要靠史法來培養及陶冶，才能表現出來」正好是一個相反的思考方向；筆者也不認爲「史法比史才、史學、史識、史德重要」，因爲性質不同，其間並無可比性。但若說才學識德孰爲重要？則是可比的，因爲同爲

史家的涵養素質之一，劉知幾、章學誠都認爲「識」最重要，也最難得，才、學則次之。當然「史法」是不是史才、史學、史識、史德的靈魂？則似乎不必再辨析即可明瞭了。不過，若說「史法」是史家才學識涵養的外化，則筆者是相當贊同的。

劉知幾撰述《史通》欲「辨其指歸，殫其體統」，從古來史冊，一一評析，其中「有與奪焉，有褒貶焉，有鑒誡焉，有諷刺焉」從中建立規範，爲後世史學之藥石。書成之後，其好友徐堅即說：「居史職者，宜置此書於座石」❸❹，清人錢大昕（1728－1804）亦說：「叢亭（按劉知幾爲彭城叢亭里人）之說，一時雖未施行，後世奉爲科律」❸❺，即是劉知幾辨析古來史書的體裁綱統及史學宗旨之後，寫成《史通》，展示其「史法」，爲後代史學之指南，難怪乎後世學者治史多奉爲圭臬。筆者嘗因內篇之篇名，編成一類似歌訣的的短句，云如：「以〈六家〉〈二體〉牢籠千年史局，定下体例，再循義例撰定〈本紀〉〈世家〉〈表曆〉〈書志〉〈列傳〉；基本態度是〈直書〉莫〈曲筆〉；〈採撰〉慎廣，〈探賾〉宜深；〈敘事〉簡要，〈煩省〉有度，切莫〈浮詞〉；要用當世〈言語〉，不可盡〈因襲〉往例，〈品藻〉〈人物〉，可知〈覈才〉〈辨識〉之難等等」，雖不能窺其史法全豹，實亦有感於其書宗旨所在，亦即

❸❹　《舊唐書·劉子玄傳》（台北：鼎文書局，1978），頁3171。

❸❺　錢大昕，《十駕齋養新錄》（台北：世界書局，1977，再版），卷13，史通條，頁303~304。

「史法」的重要而作的。**㊱**

　　於此，「史法」之重要性是可知矣。然則章學誠竟說「劉知幾得史法，而不得史意」，所以他要撰寫《文史通義》來闡述史意。那麼，史意究竟是何？如章氏所言，則《文史通義》即是闡揚其史意之作了，章氏是否做到此點了？都是值得探討的問題。以往筆者草撰《劉知幾史通之研究》及《史學三書新詮》時，僅略微涉及史意，並未作深入探究，於茲則嘗試析解其史意，並在《文史通義》中審察其寓託或明示史意之處，從而得以深化章氏與劉氏史學的區分，而更能掌握兩氏史學的神旨。

　　從史學史的角度來觀察，劉知幾「史法」的提出，簡言之，主要是由於魏晉史學發達，質、量均提升甚多**㊲**，加之唐初修五代史志，多用文人，且由史館官修，斷送古來一家著述的史統，故私撰《史通》，揭示「史法」。從史體的長短得失，到

㊱　歌訣只能淺見其內容順序，畢竟不能探其神髓，故精讀原書內容還是徹底瞭解各篇旨意的最佳途徑。各篇篇旨可參劉虎如，〈史通導讀〉，《史通選註》（台北：文星書店，文星集刊，1965）；亦可參邱添生，〈劉知幾的史通與史學〉，《台灣師大歷史學報》第9期（1981.5），頁51~72。

㊲　參逯耀東，〈從隋書經籍志史部的形成論魏晉史學轉變的歷程〉，《食貨月刊》復刊10：4（1980.7）；另參氏著，《勒馬長城》（台北：言心出版社，1977），頁141~171。或《魏晉史學的思想與社會基礎》（台北：東大圖書公司，2000）頁1~28。另拙著，《劉知幾史通之研究》（台北：文史哲出版社，1987）第一章第二節「唐代以前史學的特色」，亦參引梁任公、呂謙舉諸氏高見而寫成。可悉魏晉史學的發達，突過前代。

史書編纂的形態與內容；從史料的搜集、鑒核與選用，到文筆的技巧與方法，都備論無遺，已具見前述。大抵《史通》對唐代以前的中國史學作了全面的總結和批評，但在史學思想上卻著墨較少。這點對後代的章學誠，似正是劉知幾給他留下的「餘地」，可供他繼續闡揚和發揮。

仍然從史學史的立場來論，唐代自史館官修歷史確立之後，章學誠即認爲古來的史學絕矣，其言曰：

> 獲麟而後，遷、固極著作之能，向、歆盡條別之理，史家所謂規矩方圓之至也。魏、晉、六朝，時得時失，至唐而史學絕矣。

接著又說：

> 其後如劉知幾、曾鞏、鄭樵皆良史才，生史學廢絕之後，能推古人大體，非六朝、唐、宋諸儒所能測識；餘子則有似於史而非史，有似於學而非學爾。然鄭樵有史識而未有史學，曾鞏具史學而不具史法，劉知幾得史法而不得史意，此予《文史通義》所爲作也。❸❽

此段話一來明確表明自己撰作《文史通義》即是要闡發史意。二來他談到劉知幾、曾鞏、鄭樵雖生在唐代史學廢絕之後，但還能推溯古人史學的大體，而得史識、史學、史法。然則古人

---

❸❽　《文史通義·和州志志隅自敘》，頁398。

史學之大體是何？則於茲又可追敘。章學誠在《文史通義·申鄭》有謂：

> 孔子作《春秋》，蓋曰其事則齊桓、晉文，其文則史，其義則孔子自謂有取乎爾。夫事即後世考據家之所尚也，文即後世詞章家之所重也，然夫子所取，不在彼而在此，則史家著述之道，豈可不求義意所歸乎？

他探求淵源，上溯至孔子《春秋》。孔子（551－479B.C.）寫《春秋》特重史「義」，比較不重視「事」、「文」。雖章學誠所撰《文史通義》，絕不類於《春秋》，但他效法《春秋》著述之道，求「義意之所歸」，也就是重視史意，仍秉承孔子而來的。

因而，章學誠的史意，必須與上古孟子所說的事文義相結合來看，才能得其旨，尤其是夫子的「其義則丘竊取之」。孔子重史義，雖歷經後世各代史家，卻從未有人進一步發揮，特別從唐代以後史學廢絕，史義幾乎無人提起，造成史學的災難，而日漸凌夷。所以章學誠有感於此，乃起而以撰述其《文史通義》重彈「史義」。他自信闡發史義，是一件發凡起例，為後世開山的工作。他說：「吾於史學，蓋有天授，自信發凡起例，多為後世開山，而人乃擬吾於劉知幾。不知劉言史法，吾言史意；劉議館局纂修，吾議一家著述，截然兩途，不相入也」。㊴

㊴　《文史通義·家書二》，頁365。

在《文史通義》問世之後，有人即以之與《史通》相比，而曰可相媲美，謂爲雙璧。甚至有人因而稱呼章學誠爲「國朝之劉子元」，但他不僅不高興，反而一違常情而以「史意」極力自清有別於劉氏之「史法」，並兩度重複申辯。❹

再從清代乾嘉時期章學誠所處的時代學風來看，當時考據學勢如中天，學者多埋首於古史的考校，獲得極大的成就，有名者如錢大昕的《廿二史考異》、王鳴盛（1722－1797）的《十七史商榷》、趙歐北（1727－1814）的《廿二史箚記》、朱彝尊（1629－1709）的《經義考》等等都極有貢獻。他在《文史通義·答客問中》對這種學風甚不以爲然，而說：

> 高明者多獨斷之學，沉潛者尚考索之功，天下之學術，不能不具此兩途。譬猶日晝而月夜，暑夏而寒冬，以之推代而成歲功，則有相需之益；以之自封而立畛域，則有兩傷之弊。

章學誠認爲考據學之外，尚有所謂的「獨斷之學」，也就是以體現史意爲主的一家著述，他並指出高明與沉潛之間，或考據與史義之間是合則雙美，分則兩傷。章學誠倡史意之學，很明顯對當時的學風有挽正的作用，至少免於偏頗。雖然他的學說在當世並不熾盛，但他認爲古來學術的發展，多一陰一陽，交

---

❹　即注❸及❸所引兩份資料。

相興替；一文一質，循環往復。❹其時「質」樸的考據學風，後來可能被多「文」的重義史風所替代。所以他以爲有識之士，不當隨波逐流，人云亦云，而應當挽末世之頹風，開一代之新學。

　　從史學史和清初的時空背景來看，章學誠提倡史意，不僅對日趨僵化的考據學風具有挽正的現實意義，也有利於矯正唐代以後正史形同類纂的弊端，❷他在《文史通義》的許多篇章，都從不同角度來論述史意，要求史家「作史貴知其意」，如在內篇〈言公上〉說：

> 載筆之士，有志《春秋》之業，固將惟義之求，其事與文，所以藉爲存義之資也。……作史貴知其意，非同於掌故，僅求事、文之末也。……此則史氏之宗旨也。苟足取其義而明其志，而事次文篇，未嘗分居立言之功也。

「貴知史意」乃是關係到「史氏之宗旨」的重點問題，確實是史之大體所在了。〈史德〉篇也說：「史所貴者，義也；而所具者，事也；所憑者，文也」。外篇〈方志立三書議〉亦云：「譬之人身，事者其骨，文者其膚，義者其精神也。斷之以義，而書始成家，而後有典有法，可誦可識，乃能傳世而行遠」；同

---

❹　《文史通義·原學下》，頁48。
❷　《文史通義·答客問上》：「唐後史學絕，而著作無專家，……於是史文等於科舉之程式，胥史之文移，而不可稍有變通矣。」見頁139。

外篇〈爲張吉甫司馬撰大名縣志序〉又云：「志者，志也。其事、其文之外，必有義焉，史家著作之微旨也」。章學誠在上文裏，都明確指出史事、史文、史意三者之中都互有關聯，他形象地比喻史意最爲重要，猶如人之精神，而事、文則僅如膚、骨，乃受精神意志所左右所指揮的。以此觀之，章學誠強調史意是非常明顯而強烈的，因而有的學者直稱其學爲「尚意史學」，以尚意思想作爲其史學理論的核心，實際上是可以說得通，並能彰顯其治史宗旨的特色所在。❸

　　章學誠的史意，可解爲史義，前引〈申鄭〉篇有云：「史家著述之道，豈可不求義意所歸乎」，是義、意並用之處，餘則或用「意」或用「義」，端視不同篇章不同場合而定，然其意均同。故歷來學者多通用之而無異議。他提倡的「史意」或用於論述國史，如歷代正史；亦用之於述地方之志，皆是精神指標。茲舉一、二例以具體說明：

　　㈠國史方面：章學誠說「唐後史學絕，而著作無專家」，唐後正史，以元朝人所修的《宋史》最爲蕪穢，不僅卷帙浩繁，行文如同案牘帳冊，讀後令人難得統要。爲此，章學誠與好友邵晉涵（1743－1796）曾立志欲改寫其書，他想用新史體來寫《宋史》，其法是「仍紀傳之體，而參本末之法，增圖譜之例，而刪書志之名，發凡起例，別具〈圓通〉之篇，推論甚精，造

---

❸　廖曉晴，《史林巨匠：章學誠與史著》（瀋陽：遼海出版社，1997），頁156~161。

次難盡，須俟脫稿，便爲續奉郢質也」❹，他預估「是篇之所
推，於六藝爲支子，於史學爲大宗，於前史爲中流砥柱，於後
學爲蠶叢開山」❺，雖後來邵晉涵早逝，而章學誠爲一家十幾
口生活所逼迫，終未成書，但他在《宋史》預先安排的體例來
看，本紀、傳、表、圖都能表現史義之處。他提醒後人勿把史
學著作寫成史料彙編。

　㈡方志方面：雖是地方史，但這裏只舉章學誠與戴東原爭
議方志性質問題爲例說明，乾隆卅八年癸巳夏，戴震修撰《汾
州府志》、《汾陽縣志》時，見到章學誠所修的〈和州志例〉，
於是，戴氏批評學誠：「夫志以考地理，但悉心於地理沿革，
則志事已竟。侈言文獻，豈所謂急務哉？」章學誠爲此反駁說：
「方志如古國史，本非地理專門。如云但重沿革，而文獻非其
所急，則但作沿革考一篇足矣，何爲集眾啓館？斂費以數千金，
卑辭厚幣，邀君遠赴，曠日持久，成書且累函哉！且古今沿革，
非我臆測所能爲也」，他最後的結論是說寫沿革，仍須仰仗文
獻，若不能兩全，他寧重文獻而輕沿革。❻章學誠從方志如古
國史說起，提出「志屬信史」的說法以別於戴震的地理書。戴
氏是經學家、考據學家，在他看來，方志唯沿革一項需要考證，
至於歷史文獻等，基本情況清楚，故自然志事已竟，無須再做

---

❹　《文史通義·與邵二雲論修宋史書》，頁316。
❺　《文史通義·書教下》，頁16。
❻　《文史通義·記與戴東原論修志》，頁498~499。

研究，但章學誠認為方志既是「國史之要刪」，便是一種詞尚體要的著述。既為著述，就必須體現史意。如此，方志始能成為經世之學，而有其存在的價值。有的學者以為戴、章之爭，表面上看是爭論地理沿革和歷史文獻何者為先，何者重要的問題，但實際上是考據學派與章學誠主張尚意史學，在方志學領域之中的爭執❹，可謂不為無見。

章學誠的「史意」還可在本章的下述節次，表現其領導作用；也可在第三章第二節「史官條件說」中，發揮其作用，與才、學、識結合並論，請看下文所析。至於章學誠標榜史意，最終則是「以夫子義則竊取之旨觀之，固將綱紀天人，推明大道，所以通古今之變而成一家之言者」❹，成就其《文史通義》。

就上述來言，則章學誠的史意，確實在大部分的內涵上與劉知幾的史法有所不同，至少論述方法上，兩家的取徑是截然不同的。劉知幾透過批評唐代以前的史書編纂方式而建立其史法的理論；章學誠則又批評了劉知幾，本節文中還包括了曾鞏、鄭樵、戴東原等人，而後自述他的獨斷一家之學原是繼承孔子春秋史義而來。他批評了舊有傳統的史學，而又開發了它的新生命。

第二節　史學體例：斷代與通史

---

❹　廖曉晴，《史林巨匠》，頁223。

❹　《文史通義·答客問上》，頁138。

　　劉知幾撰寫《史通》的初機，由〈自敘〉篇已知是「思欲辨其指歸，殫其體統」。其中，「辨其指歸」是明確修史目的和宗旨，「殫其體統」是嚴格檢驗史書的體例。劉知幾在「辨」、「殫」的工夫下，對以往的史書編纂體系做系統的考察與總結，故其基本特色即是對史學的一種批評，所以《史通》是一本史學批評之作。本節即以辨、殫之義，來審視他與章學誠對史學體例的看法。

　　劉知幾雖然把編年史和紀傳史都視為正史，在《史通》的內篇當中，也都編年、紀傳並敘，但他對紀傳體的發論較多，占有明顯的地位，故由其紀傳史的史評，可以窺知他對史體的基本觀點。

　　劉知幾在《史通》的〈六家〉和〈二體〉篇中，從敘述六家的原委當中，歸結尚書家、春秋家、國語家、史記家四家，其史體久已廢弛，所可祖述者，只剩《左傳》與《漢書》二家而已。換言之，劉知幾肯定《左傳》所代表的編年史和《漢書》所代表的斷代紀傳史是所謂的「二體」，自古迄唐盛行不輟，而紀傳體通史則被劉知幾漠視了。這個結論，應是符合實情的。雖然，班固（A.D.32－92）寫《漢書》採斷代有其理由：一、班固以為漢紹堯運，自當繼堯，不滿《史記》寫漢史，編於百王之末，廁於秦、項之列；二、王莽篡漢，建立新朝，導致失去相因依之義，故斷漢為史。❹班固以後，皆仿斷代為史，相

---

❹　　班固，《漢書・敘傳》（台北：鼎文書局，1984），頁4235。

沿成風，歷代因襲，「無改斯道」。然則何以如此？究其原因，
除上述二點之外，應與傳統社會朝代鼎革政權轉移有關，斷代
史的興盛，正是這種社會現實的反映，而並非由於《漢書》比
《史記》高明之故。此外，也有其史學本身的原因，章學誠曾
說：

> 遷書不可為定法，固書因遷之體而為一成之義例，遂為
> 後世不祧之宗焉。三代以下，史才不世出，而謹守繩墨，
> 待其人而後行，勢之不得不然也。❺

章氏即從歷史編纂學的角度論證斷代成風之因。然而斷代為史
成習，尤其到官方設局修史之後，更是把「紀表志傳，同於科
舉之程式，官府之簿書」，史學便被「拘守成法」所拘限而逐
漸沉淪了，這也是章學誠大歎唐後史學廢絕的原因，然此時的
劉知幾還不能看到史學會有這種危機，因而他較為看重《漢書》
和斷代史，較為看輕了《史記》和貶低通史。❺

　　在劉知幾的紀傳史評論中，自不乏對《史記》、《漢書》
多所議論，有的學者甚至寫有〈史通的史記評〉一類的文章，
可見《史》《漢》在《史通》中的份量。從這些議論中，也可
看出劉知幾對這兩部名著的基本態度。劉氏曾說：

> 逮《史》、《漢》繼作，踵武相承。王充著書，既甲班

---

❺　《文史通義·書教下》，頁13。
❺　參許凌雲，《劉知幾評傳》（南京：南京大學出版社，1994），頁212。

而乙馬；張輔持論，又劣固而優遷。然此二書，雖互有
修短，遞聞得失，而大抵同風，可爲連類。❺❷

基本上並無優劣甲乙的問題，他對二書的評價都很高，他常拿
二書與五經、三史連稱，如《史通・敘事》有云：

> 昔聖人之述作也，上自《堯典》，下終獲麟，是爲屬詞
> 比事之言，疏通知遠之旨。……諒以師範億載，規模萬
> 古，爲述者之冠冕，實後來之龜鏡。既而馬遷《史記》，
> 班固《漢書》，繼聖而作，抑其次也。故世之學者，皆
> 先曰《五經》，次云《三史》，經史之目，於此分焉。❺❸

他對《史記》的讚揚，分見《史通》各個篇章，如〈辨職〉篇
中把司馬遷與左丘明並列，稱其「編次勒成，鬱爲不朽」；在
〈雜說下〉，譽《左傳》與《史記》爲「君子之史」；在〈直
書〉篇讚揚「馬遷之述漢非」爲直筆典範；在〈采撰〉篇，稱
讚史遷「博采」；在〈六家〉〈二體〉頌其創例之功。反之，
他對《史記》的批評也十分嚴格，甚至苛刻的，大致劉知幾皆
是就事論事，客觀平允，僅偶或持史法太過，不能深探史公史
意所在，而有所誤解。

　　同樣，劉知幾對《漢書》亦頗多讚美之詞，說是：「如《漢
書》者，究西都之首末，窮劉氏之廢興，包舉一代，撰成一書。

---

❺❷　《史通釋評・鑒識》，頁242。
❺❸　《史通釋評・敘事》，頁195~196。

言皆精練，事甚該密，故學者尋討，易爲其功」❺；肯定班固「俊識通才」，對漢書的「贊」，他讚美：「辭惟溫雅，理多愜當。其尤美者，有典誥之風，翩翩奕奕，良可詠也」❺，當然相反地批評的話也委實不少；如「班氏著志，牴牾者多。在於五行，蕪累尤甚」❺，因闢專篇，分四科條其錯繆，一點也不假辭色。

然而，劉知幾無可諱言地，對《史記》及紀傳體通史頗有微言，他說：

> 尋《史記》疆宇遼闊，年月遐長，而分以紀、傳，散以書、表。每論家國一政，而胡越相懸；敘君臣一時，而參商是隔。此其爲體之失者也。兼其所載，多聚舊記，時採雜言，故使覽之者事罕異聞，而語饒重出。此撰錄之煩者也。況《通史》以降，蕪累尤深，遂使學者寧習本書，而怠窺新錄。且撰次無幾，而殘缺遂多，可謂勞而無功，述者所宜深誡也。❺

可視爲劉知幾對紀傳體通史的概括批評。前述《史記》爲體之失，後評《通史》以降之書蕪累、殘缺。再綜觀劉知幾在有關紀傳史諸體的評論，其基本格調是糾謬規過，鋒芒所向，直指

---

❺　《史通釋評·六家》，頁22。

❺　《史通釋評·論贊》，頁100。

❺　《史通釋評·五行志錯誤》，頁641。

❺　《史通釋評·六家》，頁19。

司馬遷，如〈項羽本紀〉、〈陳涉世家〉等等皆是，知幾反而同意或肯定班固入傳的寫法，這種表現證之以〈二體〉篇所舉論者，可知劉知幾應該有甲班乙馬，也就是重斷代輕通史的傾向。劉知幾的這項看法，在當時其實並不特別，從長遠的角度來看，唐代以前，大體上《漢書》的名氣在《史記》之上；宋代以後迄於今日，則適相反，馬在班上。

　　斷代為史體之大宗，自《漢書》而後，即已形成。但宋代的鄭樵（A.D.1104－1162），卻認為斷代史有失「會通之旨」，其弊則三，一曰重複：如一帝有數紀，一人而有數傳，或紀、傳互出，或世世都作有〈天文志〉，皆為重述繁複，自是史文之大忌；二曰隔絕：斷代史記事前後遙隔，不能連接上下時代或人物，易使事件之因果關係或制度之沿革變成模糊；三曰不一致：如「曹魏指吳蜀為寇，北朝謂東晉為僭。南謂北為索虜，北謂南為島夷」❸，於分裂時代，斷代史此弊最為明顯，「異則相攻，同則相與」❹，因而記事往往缺乏一貫性，導致是非不公，史實失真。鄭樵認為斷代為書，必失「相因」之義，如此，在鄭樵的觀念裏，是史事無法「會通」，所以無從了解整個歷史發展的脈絡，也看不出前後因果的關聯。既失前後銜接會通之義，以致繁複迭出，傷風敗義，莫大於此。❺所以他立

---

❸　鄭樵，《通志略·總序》（台北：里仁書局，1982），頁2。

❹　張舜徽，《史學三書平議·通志總序平議》（北京：中華書局，1983），
　　頁154。

❺　《通志略·總序》，頁2。另亦可參陳光崇，《中國史學史論叢》（遼

意著作通史，欲恢復古有傳統，以矯正《漢書》斷代無復相因
之失。他說：

> 諸史家各成一代之書，而無通體。樵欲自今天子中興，
> 上達秦漢之前，著爲一書曰通史，尋紀法制。嗚呼！三
> 館四庫之中，不可謂無書也；然現有法制可爲歷代有國
> 家者之紀綱規模，實未見其作。**⑥**

其識遠邁，其志可感。終成《通志》一書，遠繼馬遷《史記》，
成爲史學史上現存的第二部紀傳體通史。章學誠曾爲此而說：

> 鄭樵生千載之後，慨然有見於古人著述之源，而知作者
> 之旨，不徒以詞采爲文，考據爲學也。於是遂欲匡正史
> 遷，益以博雅，貶損班固，譏其因襲，而獨取三千年來
> 遺文故冊，運以別識心裁，蓋承通史家風，而自爲經緯，
> 成一家言者也。**⑥**

極力推崇《通志》，謂爲「別識心裁，成一家之言」。鄭樵承襲
通史家風，在斷代正史盛行之際，獨力撰就《通志》以抗之，
無疑就是劉知幾所說「史記家」的復興了。可惜，劉知幾早已

  寧：人民出版社，1984），頁248。
⑥ 鄭樵，《夾漈遺稿·寄方禮部書》（台北：台灣商務印書館，景文淵
  閣四庫全書本，1983），頁519。
⑥ 《文史通義·申鄭》，頁136。

作古不及鑒之。否則，當不會說「其體久廢」。⑥

　　章學誠之所以推崇鄭樵是有其背景的，除兩人在史學思想
上有類似之處外，最重要在於鄭樵倡導通史，排斥斷代，並在
《通志》上批評歷代史家史事，招致後人詰難。如南宋陳振孫
謂其「博物洽聞，然頗迂僻」、「雖自成一家，而其師心自是」，
馬端臨說他「譏詆前人，高自稱許」。清代學者錢大昕、王鳴
盛、戴震、周中孚對鄭樵在書中的評見也很反感，故謂之「樵
獨以博洽著稱，傲睨一世，縱論秦漢以來著述家，鮮有當其意
者」，甚至說「大言欺人」「賊經害道」。⑥這中間，尤其是
戴震對鄭樵的批評，更是章學誠所欲奮起為鄭樵辯護的，章學
誠與戴震之間的互動關係確實是很微妙，章學誠許多史學上的
卓見，可以說是因為戴震之故而激發出來的。他的內心世界是
很值得研究的。

　　他自述癸巳（1773）年在杭州，「聞戴徵君震，與吳處士
穎芳談次，痛詆鄭君《通志》，其言絕可怪笑」⑥，因而，他

---

⑥　許凌雲，《劉知幾評傳》，頁197~201。對劉知幾所說的《尚書》、《春
　　秋》、《國語》、《史記》四家，「其體久廢」有詳細辨析，可參。

⑥　陳振孫，《直齋書錄解題》卷二；馬端臨，《文獻通考》；戴震，《戴
　　震文集》卷九〈與任孝廉植書〉；丁丙，《善本書室藏書志》卷三十。
　　並參吳懷祺，〈通志的史學批評〉，《史學史研究》1988：4，頁20。

⑥　《文史通義·答客問上》，頁137，章氏雖然很多地方反對戴震，但事
　　實上受戴氏影響很深。學誠以為時人達儒當中唯戴氏可以「深悉古人
　　大體，進窺天地之純」，見〈答邵二雲書〉，頁320。另可參劉節，《中
　　國史學史稿》（河南：中州書畫社，1982）十九、〈章學誠的史學〉，
　　頁377~381。

爲異代的鄭樵抱不平，說：

> 學者少見多怪，不究其發凡起例，絕識曠論，所以斟酌群
> 言，爲史學要刪；而徒摘其援據之疏略，裁翦之未定者，
> 紛紛攻擊，勢若不共戴天。……夫鄭氏所振在鴻綱，而末
> 學吹求，則在小節。……自遷固而後，史家既無別識心裁，
> 所求者徒在其事其文，惟鄭樵稍有志乎求義。❻

鄭樵的史學不是本文的範圍，然因戴震等人詆諆鄭樵，而帶動
了章學誠出而護衛鄭樵，並申論自己的學說見解，以下還是在
史體之間來看章學誠的主張。

章學誠的史學思想是主張「通」的。由其《文史通義》、
《校讎通義》都是以「通義」命名即可知之，尤其《文史通義》
之中有〈釋通〉〈橫通〉兩文，更可覘知。「通」本義訓「達」，
自此之彼之謂也，然章學誠主要在指出「通」在治學方面的引
申意義。思想上他既然重「通」，在史學上他的表現即是倡導
撰寫通史體裁的著作，他在《文史通義·釋通》即說：「夫通
史人文，上下千年，然而義例所通，則隔代不嫌合撰」，並進
而指出通史有其優點：

> 通史之修，其便有六：一曰免重複，二曰均類例，三曰
> 便銓配，四曰平是非，五曰去牴牾，六曰詳鄰事。其長

---

❻　《文史通義·申鄭》，頁136~137。

有二：一曰具剪裁，二曰立家法。

這六便二長中，舉第五便去牴牾爲例來講，章學誠說：「斷代爲書，各有裁制，詳略去取，亦不相妨。惟首尾交錯，互有出入，則牴牾之端，從此見矣。居攝之事，班殊於范；二劉始末，范異於陳。統合爲編，庶幾免此。」斷代史雖易於專記一朝一代之事，但前後朝代之間史事的銜接上，可能由於史書作者不同，而發生所載史事截然不同的情況，也就是牴牾的現象。然若通代爲史，著出一手，則史家可以其才識法度，翦裁鎔鑄，寫成其萬代通史，可以避免斷代爲史，常有割裂前後朝代史事的弊病。故以敘事論，通史可以綜合群史，刪繁就簡，系統有條，可爲學者提供方便；以內容論，通史包羅萬有，貫通古今，也便於「辨章學術，考鏡源流」。當然更重要的是通史易於予人瞭解兼跨數代的歷史發展大勢，以宏觀的視界，看待人類社會，如此才能史學經世，更有意義。

章學誠的「通」，也有橫通之意。他在〈釋通〉篇有說：

六卿聯事，職官之書，亦有通之義也。奈何潘迪取有元御史之職守，亦名其書謂之《憲台通紀》耶？

六卿是指分別掌管治典、教典、禮典、政典、刑典和事典的六官，如欲分別撰述其官制史，則六官各不相干，沒有互動現象，然若用橫通之法，則可結合六官爲一體，亦能具體呈現「通」義。

需要特別指出的是章學誠固然主張通史，但與鄭樵稍有不同，鄭樵主通史之餘，堅決反對斷代，他對寫《漢書》的班固惡言相向，說他「全無學術，專事剽竊」，甚至罵他是豬，還波及到陳壽、范曄這干寫斷代史的人。❻章學誠則比較折衷，他並不反對斷代史。章學誠除了說明通史有六便二長，卻同時指出通史體例也有三弊：「一曰無短長，二曰仍原題，三曰忘標目」❻，這點恐怕即是鄭樵所未知的。

章學誠對劉知幾重斷代輕通史，也曾有微評：

> 劉知幾六家分史，未爲篤論。《史記》一家，自是通史。劉氏以事罕異聞，語多重出譏之，非也。至李氏《南北史》，乃是集史，並非通史。通史各出義例，變通互古以來，合爲一家記載，後世如鄭樵《通志》之類足以當之。……蓋通史各溯古初，必須判別家學，自爲義例。❻

否定知幾，爲司馬遷和鄭樵張目。但他否定知幾，並不否定班固的《漢書》。他在《文史通義·書教下》亦肯定《漢書》「本撰述而非記注，則於近方近智之中，仍有圓且神者以爲之裁制，是以能成家而可以傳世行遠也」❼，《漢書》之後諸史即失卻班史之意，而以紀表志傳，同於科舉之程式，官府之簿書，遂

---

❻　《通志略·總序》（台北：里仁書局，1982），頁2。
❻　《文史通義·申鄭》，頁137。
❻　《章氏遺書·丙辰劄記》（台北：漢聲出版社，1973），頁876下。
❼　《文史通義·書教下》，頁13。

失古人著書之宗旨。學誠不反對班固,柴德賡以爲是他比鄭樵
高明的地方。❼

　　章學誠還發現斷代史之〈表〉〈志〉,其所載錄,與人物
紀傳大有不同,它仍須因仍繼承前代的,所以雖稱斷代,也還
具有相通之義。章學誠還例舉許多書:

> 標通而限以朝代者也,李氏《南北史》,薛歐《五代史》,
> 斷代而仍行通法者也。其餘紀傳故事之流,補轉纂錄之
> 策,紛然雜起,雖不能一律以繩,要皆仿蕭梁《通史》
> 之義而取便耳目,史部流別不可不知也。❼

學誠此見,饒有意義。「雖不標通,而體實存通」❼,雖非通
史,但仍可具有通意。章學誠在劉知幾的主斷代和鄭樵的主通
史兩者之間找到新平衡點,這應是他高明過於劉、鄭兩氏之處。
其實以今日之史學角度來看,也確如章氏所言,斷代已可具通
意。如蕭一山(1902-1978)以有清一代之史撰成《清代通
史》不正是此意?設以一般學者所論,按古代成例,則蕭書斷
清代何可得謂「通史」?

　　通史體例並不限於政軍情事,典制史亦有通史。章學誠對
《三通》之中的《通志》、《文獻通考》也有批評,他對鄭樵

---

❼　柴德賡,〈試論章學誠的學術思想〉,收入《史學叢考》(北京:中
　　華書局,1982),頁303。
❼　《文史通義・釋通》,頁132。
❼　《文史通義・釋通》,頁131。

的《通志》評價說：「其範圍千古，牢籠百家者，惟創例發凡，卓見絕識，有以追古作者之原，自具《春秋》家學耳」，又說：「惟鄭樵稍有志乎求義」❼；對馬端臨（1254－1323）的《文獻通考》則評曰：「此乃經生決科之策括，不敢抒一獨得之見，標一法外之意，而奄然媚世爲鄉愿，至於古人著書之義旨，不可得聞也」❼，兩部同爲通史體裁的典制史，卻因史義的因素，而有霄泥之判。

以上關於本節主旨所在，史學體例有斷代、通貫之別，劉知幾主斷代史，倡敘「史法」；章學誠因申鄭揚馬而主通史，然亦不反對斷代史，謂斷代史仍具通意，說《漢書》是「撰述／圓而神」之作。章學誠評定史書的好壞，並不決定於通史或斷代史，而是在其書的「史意」有無多寡之上。然不管通史或斷代史，雖經歷代學者討論，皆各有其功能，不可互替。甚至仍可相互爲用，不能偏執一方。斷代史可保存大量史料，通史則可貫穿會通斷代諸史，一部好的斷代史的出現，必然要受到通史的啓發和影響，一部好的通史的出現，也必然建築在斷代史的堅實基礎之上，從史學發展的歷史來看，一向是如此的，所以史學界宜其諸體並行發展，始能綻放異彩。

---

❼　《文史通義·申鄭》，頁137。
❼　《文史通義·答客問中》，頁141。

第三節　史學宗門：後來筆／當時簡與撰述／記注

談到史學史體的源流體例，劉知幾在《史通‧史官建置》中即指出：

> 夫為史之道，其流有二。何者？書事記言，出自當時之簡；勒成刪定，歸於後來之筆。然則當時草創者，資乎博聞實錄，若董狐、南史是也；後來經始者，貴乎俊識通才，若班固、陳壽是也。必論其事業，先後不同，然相須而作，其歸一揆。

文中所謂「當時之簡」，指史官所記，當指史料；「後來之筆」，是史家根據當時之簡而勒成刪定，當指史學。而史料要求「博聞實錄」；史學，則要求史家具備「俊識通才」。兩者之要求，並不相同，劉知幾在此具體闡明了史料與史學之間的辯證關係，沒有史料，固無史學可言，因為史料是史學的基礎；沒有史學，史料也無法發揮更大的作用，因而兩者又有互輔互成的關係。劉知幾更指出實例：

> 晉元康初，又職隸秘書，著作郎一人，謂之大著作，專掌史任，又置佐著作郎八人。……佐郎職知博採，正郎資以草傳。**⑯**

---

⑯　《史通釋評‧史官建置》，頁371。

佐郎負責史料的蒐集整理以至於記錄史事，正郎則在此基礎上草傳成書。

另者，劉知幾在《史通·辨職》中，將史家職責，分爲三等：

> 史之爲務，厥途有三焉。何則？彰善貶惡，不避強禦，若晉之董狐、齊之南史，此其上也。編次勒成，鬱爲不朽，若魯之丘明，漢之子長，此其次也。高才博學，名重一時，若周之史佚、楚之倚相，此其下也。苟三者並缺，復何爲者哉！

一般學者都會引用此段說明劉知幾史才三長論的內涵。以高才博學強調史學，編次勒成說明史才，彰善貶惡指出史識。筆者亦在下文第三章第二節援引此段以說明才、學、識之難遇及其重要性。此處以史料與史學論之，則南、董是史官執簡、據事直書的史料工作；其他兩者，則趨近於史學。劉知幾是按史體即從形式上的不同來區分類例的，但並未作深入的論述。後來鄭樵也想辨明兩者之間的不同；他說過：「有史有書，學者不辨史、書。史者官籍也；書者書生所作也。自司馬以來，凡作史者，皆是書，不是史」⓻，其實兩者的區別，也還未講清楚。到了章學誠則明確提出從史籍性質與作用之不同，將之區分「撰述」和「記注」兩大類，其言曰：

⓻　《夾漈遺稿·寄方禮部書》，頁519上。

三代以上，記注有成法，而撰述無定名。三代以下，撰
述有定名，而記注無成法。夫記注無成法，則取材也難；
撰述有定名，則成書也易。成書易則文勝質矣。取材難
則僞亂眞矣。僞亂眞而文勝質，史學不亡而亡矣。❼⑧

按錢賓四的說明：「他（章學誠）只說：三代以上記載歷史有
一定的「成法」，而所寫的歷史書，則並無一定的「名稱」。
如書與春秋，名便不同，但各是一撰述。而且六經皆史，有《詩》、
有《易》、有《禮》，也是無定名而更不同。到三代以下，便
成爲有撰述有定名，如《史記》、《漢書》、《二十四史》，
皆所謂「史」，便有了一個「定名」了。然而各項材料記注，
則失掉了一個一定的方法。這一層，我們也可以說是章實齋講
古今史學變遷一個極大的見解。他認爲如何把一切史料保存下
來，該有一個一定的方案，而後來沒有了。至於根據這些保存
下來的一切史料而來寫歷史，這就不該有一定的體裁，主要該
是各有一套專家之學，而後來則反而人人相因，都變成好像有
一個定規了。」❼⑨簡單說：「記注」即是史料，「撰述」則是
一種著作。兩者之間，有一定的分別和連繫。其連繫在於記注
是撰述的史料，根據記注，由作者寫成「專家之學」的「撰述」，
兩者相因相成。其分別在於記注是原始材料，是纂輯、類比之
書；撰述在他的觀念裡，則必須合乎獨斷之學、一家絕學。兩

❼⑧　《文史通義·書教上》，頁7。
❼⑨　錢穆，《中國史學名著》第二冊，頁320。

者雖殊途而不相害。

章學誠還更進一步以「圓而神」和「方以智」來說明撰述與記注的區別。他說：

> 《易》曰：筮之德圓而神，卦之德方以智。間嘗竊取其義，以概古今之載籍。撰述欲其圓而神，記注欲其方以智。夫智以藏往，神似知來。記注欲往事之不忘，撰述欲來者之興起，故記注藏智以往，而撰述知來擬神也。藏往欲其賅備無遺，故體有一定而其德為方；知來者欲其決擇去取，故例不拘常，而其德為圓。⑳

就是要求撰述應達到「圓而神」，記注「方以智」的境地。除此外，尚須「藏往德方」「知來德圓」。換言之，「撰述」、「記注」與「藏往」、「知來」、「圓神」、「方智」都要完全相應配合。這裏章學誠又牽扯到「藏往」「知來」，他在《文史通義‧禮教》對此略有說明：

> 夫名物制度，繁文縟節，考訂精詳，記誦博洽，此藏往之學也；好學敏求，心知其意，神明變化，開發前蘊，此知來之學也。可以藏往而不可以知來，治《禮》之屬於五端也，推其所治之《禮》，而折中後世之制度，斷以今之所宜，則經濟人倫，皆從此出，其為知來，功莫

---

⑳ 《文史通義‧書教下》，頁12。

　　大也。學者不得具全，求其資之近而力能勉者斯可矣。

他還指出這兩種學問又相互依存，相互促進，特別是知來之學必須以藏往之學做為基礎，他說：「神以知來，學者之才識是也；知以藏往，學者之記誦是也。才識類火日之外景，記誦類金水之內景；故才識可以資益於人，而記誦能受於人，不能授之於人也。然記誦可以生才識，而才識不能生記誦」❽。以上皆不外反覆說明撰述、記注與知來、藏往的關係，讓人明白史學有此兩大宗門。錢穆有一段話，可再幫助我們理解學誠的原文：

> 收羅過去一切，保存下來，這是一個「體」，有其一定的客觀標準，並有一定的規矩。凡是以往事都要收羅，所以其德為方，它是一個沒有變化的。待我們用此材料來抉擇，那許多有用，那許多無用，有用者取，無用者去，這就看各人的眼光。這是一種主觀的，因於人而不同，更亦因於時代而不同，這是可以變動的，所以說其德是圓。❽

學誠此一理論，在他處尚講到「著述」與「比類」❽，其實即

---

❽　《文史通義·雜說》，頁200。

❽　錢穆，《中國史學名著》第二冊，頁323。

❽　《文史通義·報黃大俞先生》有云：「古人一事必具數家之學。著述與比類兩家，其大要也。……兩家本自相因，而不相妨害。拙刻〈書教〉篇中所謂圓神方智，亦此意也。但為比類之業者，必知著述之意，而所次比之材，可使著述者出，得所憑藉，有以恣其縱橫變化。又必知

撰述與記注的同義詞。學誠又謂撰述之業，可再分獨斷與考索二端，「高明者，多獨斷之學；沉潛者，尚考索之功，天下之學術，不能不具此二途」。❸而記述之業，亦即所謂比次之書。比次之書在於整齊故事而已，非專門著作也。這些名詞都由「撰述」與「記注」兩者而衍發。

這兩大宗門之間的關係，章學誠在〈報黃大俞先生〉一文中說：「兩家本自相因而不相妨害。……蓋著述譬之韓信用兵，而比類譬之蕭何轉餉，二者固缺一而不可。」蕭、韓兩人的合作，終致擊敗西楚霸王，爲西漢王朝奠定勝基。學誠舉出此例，實貼切而傳神，既說明了撰述與記注的主次地位，又說明兩者交相爲用的密切關係。也就是說學誠區分兩者的目的不外乎：一、強調「撰述」的重要性大於「記注」；史料性質比次之業的記注只是開始，最後的目的則在於成就具備考索之功或獨斷之學的一家之言的撰述之業。二、對章學誠而言，史學是用來「明道」，即「即器以明道」，故其用意在推崇「撰述」，提倡獨斷，反對因循；肯定家學，藐視官修，這對當時以苴襲續，

己之比類與著述者各有淵源。而不可以比類之密，而笑著述之或有所疏。比類之整齊而笑著述之有所畸輕畸重，則善矣。蓋著述譬之韓信用兵，而比類譬之蕭何轉餉。二者固缺一而不可。而其人之才，固易地而不可爲良者也」，見頁297。又〈與邵二雲論修宋史書〉亦云：「圓神方智，定史學兩大宗門。而撰述之書不可律以記注一成之法」，見頁316。

❸　《文史通義・答客問中》，頁140。

鈔纂排比為絕大學問的漢學家，可以說是一個嚴重的批判，因而極具現實意義。

　　當然，針對前引「夫記注無成法，則取材也難；撰述有定名，則成書也易」的困境，學誠主張州縣立志科，來挽救前者（記注）之失❽；而且主張史著必須體有因創，貴於變通，所以矯後者（撰述）之弊。❽

　　章學誠上承劉、鄭兩家說法，而更加發揮以提出「記注／方智／藏往」與「撰述／圓神／知來」的系統，確定史學兩大宗門❽，不特足以提高史料地位，並可矯正歷史錯誤的觀點，實有勝過劉、鄭之處，可說是學誠之非常特識，亦可謂其於史學史上的一大貢獻。❽

　　以下根據章學誠的這一分類原則，來看其說是如何為史學批評服務的。章學誠審視著名古籍，即用此法重新予以評定。如他對鄭樵的《通志》認為是一部「撰述」之書，他在《文史通義·申鄭》即說：「鄭樵生千載而後，慨然有見於古人著述之源，而知作者之旨，……運以別識心裁，蓋承通史家風，自

---

❽　《文史通義·州縣請立志科議》，頁394～398。

❽　《文史通義校注》，頁33，註九條。

❽　《文史通義·與邵二雲論修宋史書》，頁316。但在章學誠的觀念裡撰述體圓與記注方智也不是絕對的，〈書教下〉對班固《漢書》的評語是「體方用智」，但卻又說「則於近方近智之中，仍有圓而神者，以為之裁制，是以能成家，而可以傳世行遠也」，見頁13。

❽　吳天任，《章實齋的史學》（臺北：商務印書館，1979），頁12。

為經緯，成一家言者也。」但對元代馬端臨的《文獻通考》卻在同一篇文章說：「鄭君……不幸而與馬端臨之《文獻通考》並稱於時，而《通考》之疏陋，轉不如是之甚。末學膚受，本無定識，從而抑揚其間，妄相擬義，遂與比類纂輯之業，同年而語，……豈不誣哉？」把《文獻通考》置於比類纂輯亦即記注之書，並且因世人將二書並列為「三通」而相提並論，為鄭樵深感不平。這兩本書最大的不同點，即在《通志》講究「會通」之旨，而馬書即在「博聞而強識」而已。對於章學誠平生治學講究「成一家之言」而言，當然就會有不同的評價了。

再說二十四正史，是最有權威性的史書，但章學誠只承認「前四史」，即《史記》《漢書》《後漢書》《三國志》是撰述之業，而唐以後官修正史皆為記注，他在《文史通義·答客問上》說：

> 陳、范以來，律以《春秋》之旨，則不敢謂無失矣。然其心裁別識，家學具存，縱使反唇相議，至謂邊書退處士而進姦雄，固書排忠節而飾主闕，要其離合變化，義無旁出，自足名家學而符經旨；初不盡如後代纂類之業，相與效子莫之執中，求鄉愿之無刺，侈然自謂超邊軼固也。若夫君臣事蹟，官司典章，王者易姓受命，綜核前代，纂輯比類，以存一代之舊物，是則所謂整齊故事之業也。開局設監，集眾修書，正當用其義例，守其繩墨，以待後人之論定則可矣，豈所語於專門著作之倫乎？

文中指出前四史足稱撰述，是因爲基本上能上稟孔子的《春秋》遺風，重視史義的經世作用，有史家個人的獨到見解和鮮明的觀點，儘管其中偶或失之偏激，然畢竟還是一家之言。唐代以後，史館確立，撰修國史之權收歸官有，民間不得私修，即使私修，亦必請得官方允許始可，否則難以保全。因而唐後諸正史，即如政府公文一樣，雖有內容，但思想、觀點卻十分貧乏，所以只能算是記注。❽⑨

章學誠既以爲史學必須別識心裁，成一家之言，因而他十分看重「史學」，從不輕易許人，他曾說：

> 世士以博稽言史，則史考也；以文筆言史，則史選也；以故事言史，則史纂也；以議論言史，則史評也；以體裁言史，則史例也。唐宋至今，積學之士，不過史纂、史考、史例；能文之士，不過史選、史評，古之所謂史學，則未之聞矣。❾⓪

「史學」必須是「撰述」之業，可以「經世」，才合乎他的標準。此點與劉知幾前述史料要求「博聞實錄」，史學則必須要求史家「俊識通才」，道理是相似的。只是劉氏從史體形式上區分史料與史學，章氏從史籍性質與功能區分記注與撰述。兩

---

❽⑨　《文史通義·書教下》：「後史失班史之意，而以紀表志傳，同於科舉之程式，官府之簿書，則於記注撰述，兩無所似，而古人著書之宗旨，不可復言矣。」見頁13~14。

❾⓪　《文史通義·上朱大司馬論文》，頁308。

者之間固然是相輔相成，但可看出章學誠的旨趣不在討論史籍分類本身，而在於抬高其所謂的「著述之道」。而著述之道，又與本章第一節他所標榜的史意緊密相關，他曾說：「史家著述之道，豈可不求義意所歸乎？」⓽顯見，章學誠的「撰述」，其核心內容還是他歷來所反覆強調的史意或史義。

至於何種體例的「撰述」，才是學誠心目中的優選？則答案已見本章第二節所述，茲處不再贅述。倒是學誠曾在《文史通義》詳論各種史體的發展演變和長短得失，可以看出他在歷史編纂法上也多有創見。在他看來，史體的發展演變是歷史編纂學進步的表現。他說：

> 《尚書》一變而爲左氏之《春秋》，《尚書》無成法而左書有定例，以緯經也，左氏一變而爲史遷之紀傳，左氏依年月，而遷書分類例，以搜逸也；遷書一變而爲班氏之斷代，遷書通變化，而班氏守繩墨，以示包括也。⓽

可見由《尚書》以下迄於馬班，都互有演變。但自班氏《漢書》之後，所有史書都「謹守繩墨」不知變通，遂如奉守科舉之程式，官府之簿書，爲體例所拘，這是學誠所深爲歎惜的。直到袁樞創紀事本末體，始替逐漸僵硬的歷史編纂學開拓一條新路。是體頗有化臭腐爲神奇之效，學誠大爲讚賞，曾云：

⓽　《文史通義·申鄭》，頁136。
⓽　《文史通義·書教下》，頁13。

　　司馬《通鑑》，病紀傳之分，而合之以編年；袁樞《紀事
　　本末》，又病《通鑑》之合，而分之以事類。按本末之爲
　　體也，因事命篇，不爲常格，非深知古今大體，天下經綸，
　　不能網羅隱括，無遺無濫。文省於紀傳，事豁於編年，決
　　斷去取，體圓用神，斯眞《尚書》之遺也。❾❸

紀事本末體的長處在「文省於紀傳，事豁於編年」，實是史界
一大發明，學誠推爲體圓用神，眞《尚書》之遺，可見其價值。
這種史體，近代亦予重視，梁任公曾說：

　　蓋紀傳體以人爲主，編年體以年爲主，而紀事本末體以
　　事爲主。夫欲求史蹟之原因相結果，以爲鑑往知來之用，
　　非以事爲主不可。故紀事本末體於吾儕之理想的新史最
　　爲相近，抑亦舊史進化之極軌也。❾❹

但學誠又說袁樞作紀事本末「初無其意，且其學亦未足與此，
書亦不盡合於所稱」❾❺，而且也認爲「紀事本末，不過纂錄小
書，亦不盡取以爲史法」❾❻，因而他想取諸體之長，去諸體之
短，另創新體，再把歷史編纂學推進一步。《文史通義·與邵
二雲論修宋史書》曾言及此事：

---

❾❸　《文史通義·書教下》，頁15。
❾❹　梁啓超，《中國歷史研究法附補篇》（臺北：中華書局，1973），頁20。
❾❺　葉瑛校注，《文史通義校注》上，頁52。
❾❻　葉瑛校注，《文史通義校注》上，頁52。

> 今仍紀傳之體而參本末之法,增圖譜之例而刪書志之
> 名,發凡起例,別具〈圓通〉之篇。

他擬用這種新體裁重新撰寫正史中最為蕪穢的《宋史》,他的
觀念裡,新體應包含三種:一為〈本紀〉,為諸體之經,師《春
秋》之法。二為〈傳〉,按照事類分列專題,「或考典章制作,
或敘人事終始,或究一人之行,或合同類之事,或錄一時之言,
或著一代之文,以緯本紀」;將原紀傳體之書、世家、列傳三
者的分類界限打破,合併統稱為「傳」。這種新傳,是以《尚
書》因事命篇為原則,借袁樞紀事本末之法而重新寫成,形式
自由,靈活多變,最適合表現史義。雖說以緯本紀,卻是章學
誠新史體的主要內容;三為〈圖表〉,他說:「至於人名事類,
合於本末之中,難以稽檢,則別編為表,以經緯之;天象地形,
輿服儀器,非可本末該之,且亦難以文字著者,別繪為圖,以
表明之」。❾這種意義上的表、圖,雖是輔助傳的附屬體例,
但卻令人一目了然,實為一舉兩得之良方。《史記》之後的史書
大都無圖或表,鄭樵雖有〈圖譜略〉,但只有圖目而無表,故章
氏擬在新《宋史》中用此新體例。這種新體裁,章學誠認為:

> 較之左氏翼經,可無局於年月後先之累;較之遷《史》
> 之分別,可無歧出互見之煩。文省而事益加明,例簡而
> 義益加精,豈非文質之適宜,古今之中道歟?(中略)

---

❾ 《文史通義·書教下》,頁16。

蓋通《尚書》《春秋》之本原,而拯馬《史》、班《書》
之流弊,其道莫過於此。❾

學誠試圖綜合眾體之長,編出圖文並茂、綱舉目張的史著。新
史體雖然沿用了紀傳體之名,但卻包含有袁樞紀事本末體的精
意,因而新舊紀傳體相較,雖然表面上看似相同,但實質上卻
已迴異。可惜章學誠〈圓通〉篇已經散失,其《宋史》又未寫
成。否則,學誠在史學史上的貢獻一定更加可觀。

第四節　擴大史域:雜述十目與六經皆史

劉知幾在歸納古代史學為六家二體之後,因應史學的發展
需要,他主張拓展史域,在書志方面他主張創立三新志〈都邑〉、
〈氏族〉、〈方物〉來取代〈天文〉、〈天官〉、〈瑞符〉及
〈藝文〉諸志。其名目與所持理由,分述如下:

(一)〈都邑志〉一

京邑翼翼,四方是則,千門萬户,兆庶仰其威神,虎踞
龍蟠,帝王表其尊極,兼復土階卑室,好約者所以安人;
阿房、未央,窮奢者由其敗國。此則其惡可以誡世,其

---

❾ 《文史通義·書教下》,頁16。

> 善可以勸後者也。且宮闕制度，朝廷軌儀，前王所爲，
> 後王取則。……凡爲國史者，宜各撰〈都邑志〉，列於
> 〈輿服〉之上。

觀知幾原意，是特闢一志記載京邑之位置、地理形勢，邑內之政治、社會、經濟、軍事之活動與禮儀制度，目的在做爲一種歷史資料，提供後世判斷取捨。

京邑是人口集中、文化會萃、政治源頭和社會經濟活動頻繁之地。自來長安、建鄴、咸陽、洛邑、金陵……是古之盛都，但在方志學未興之前，留下來可供後人研究其興替變革的，並不算豐多。今日研究社會經濟史者每感近代以前之史料不足，即因此故。知幾〈都邑志〉的構想未在當時及後世及早實現，也是部分原因之一。直到最近都邑的研究才興起，如唐長安、北宋開封、南宋杭州、明北京、南京……都有專家學者以嶄新的方法在此領域內獲得甚可推許的成就。❾鑒及於此，除爲知幾這個構想未被當時與後世史家所普遍接受而感到可惜之外，也爲知幾有這份見解感到驚訝。

---

❾　如Mark Elvin ＆ G.W Skinner eds. ,*The Chinese City Between Two Worlds*（Stanford，1974） and G.W Skinner ed., *The City in Late Imperial China*（Stanford，1977）兩書，唯該兩書的研究範圍，已不止於都邑，尚及於一般較大的城市、府縣，甚至農村的結構。

（二）〈氏族志〉—

> 逮乎晚葉，譜學尤煩。用之於官，可以品藻士庶；施之
> 於國，可以甄別華夷。……隋有天下，文軌大同，江外
> 山東，人物殷湊。其間高門素族，非復一家；郡正州曹，
> 世掌其任。凡爲國史者，宜各撰〈氏族志〉，列於〈百
> 官〉之下。

氏族在魏晉時期勢力浸盛，終成門閥，六朝隋唐猶有餘韻，這
是當時社會獨具之格。《魏書》有〈官氏志〉，已啓其端。知
幾生當唐時，出身又是氏族，個人也編著《姓族系錄》二〇〇
卷、《劉氏家乘》十五卷、《劉氏譜考》三卷，在在都顯示他
提倡〈氏族志〉之背景，這對研究當時社會組織結構、流動與
氏族之活動等，都是寶貴的資料。

（三）〈方物志〉—

> 金石、草木、縞紵、絲枲之流，鳥獸、蟲魚、齒革、羽
> 毛之類，或百蠻攸稅，或萬國是供。亦有圖形九牧之鼎，
> 列狀四荒之經，觀之者擅其博聞，學之者騁其多識。……
> 異物歸於計吏，奇名顯於職方。凡爲國史者，宜各撰〈方
> 物志〉，列於〈食貨〉之首。

由上述引文可知劉知幾希望以方物志來明各地物產、貿易及供稅諸事。

　　要而言之，知幾別創三志的構思，其立意在記載當時社會及經濟的變遷。〈都邑志〉顯示城邑的發達，人口、交通及經濟的改變，與都邑成為一地區的核心狀況；〈氏族志〉在唐初不重華夷之嚴別，以及魏晉以後胡漢之雜居情況之下，〈氏族志〉既可以品藻士庶，甄別華夷，又可以反映氏族在社會結構及社會流動諸事上的重要性；而〈方物志〉更說明了漢唐間，自張騫出使西域之後，與四方的交通日益頻繁，尤其唐初版圖之大，軍功之盛，又為漢以來諸朝所不及，四方貢獻自較前為更多，而原有正史之體例則難盡予括容，故知幾主張在體例上倡導〈方物志〉。⑩立三新志的提出，說明劉知幾研究歷史的視野開闊，說明歷史研究從王朝政治興衰向社會領域的延伸和深化。也可以知其設置的構想，完全是基於一種演化、發展且進步的歷史意識。

　　另者，知幾在《史通》內篇，提出六家二體的論說之後，隨即在第三篇〈載言〉提出正史在紀、傳、表、志之外，應更立一「書」，他說：「若人主之制冊誥令，群臣之章表移檄，收之紀傳，悉入書部，題為『制冊』『章表書』，以類區別。他皆倣此，亦猶志之有禮樂志、刑法志者也。……夫能使史體

---

⑩　呂思勉，《史通評》（台北：台灣商務印書館，1971）以為〈方物志〉難以成立的理由是方物太多，書不勝書。見頁21。

如是，庶幾《春秋》、《尚書》之道備矣」。章學誠對這一項主張，亦加以附同，言曰：「唐劉知幾嘗患史傳載言繁富，欲取朝廷詔令，臣下章奏，倣表志專門之例，別爲一體，類次紀傳之中，其意可爲善矣。然紀傳既不能盡削文辭，而文辭特編入史，亦恐浩博難罄，此後世所以存其說而訖不能行也」。(101)若眞能加以採試，一則可免鈔錄的文章破壞史事敘事，二則亦可擺脫史書定型的拘束，而可保存較多的文獻。(102)只可惜知幾此說並未獲得後世史家普遍採納，否則確實可以擴大史學的領域。

再者，他在《史通》內篇的〈雜述〉，把正史以外的各種歷史著作，又分爲十類：

> 一曰偏記，二曰小錄，三曰逸事，四曰瑣言，五曰郡書，六曰家史，七曰別傳，八曰雜記，九曰地理書，十曰地邑簿。

又可稱爲「雜史」，在篇中他對這些雜史的主要內容和代表書目一一作了扼要介紹，並對其得失作了評論。本文在此再濃縮之，更簡要地敘之於此。

偏記小錄，史料價值較高，「最爲實錄」。因爲「偏記」

---

(101) 章學誠，《文史通義·方志略例·和州文徵敘錄》，頁421~422。

(102) 白壽彝，〈劉知幾的史學〉，《中國史學史論集》（上海：人民出版社，1980），頁101。

乃當世之人「權記當時，不終一代」之當代小史。如陸賈《楚漢春秋》，記楚漢之際的歷史，雖非全史，但記近事，作者耳聞目睹，有眞情實感，故有較高史料價值，爲司馬遷《史記》所資取。「小錄」是作者「獨舉所知，編爲短部」的人物傳。如戴逵《竹林名士》、王粲《漢末英雄》，對了解這些人物的行事和對人物當代的史實都有幫助。「逸事」則「皆前史所遺，後人所記，求諸異說，爲益實多」，作爲拾遺之書，可補史遺，用資參考，故其史料價值不可低估。至於「瑣言」，所載乃「街談巷議」「小說巵言」，皆當時辯對，流俗嘲虐，如劉義慶《世說》裴榮期《語林》等，亦可提供史料，不止知幾所談「俾夫樞機者藉爲舌端，談話者將爲口實」而已。還有「郡書」，乃鄉人學者編而記之，往往「矜其鄉賢，美其邦族」，有溢美不實之處。其中如常璩之《華陽國志》等評審該博之作，也能「傳諸不朽，見美來裔」。又有以顯揚父母、誇其氏族、炫耀高門的「家史」之作，「事惟三族，言止一門」，亦有史料價值。「別傳」多「博采前史，聚而成書」，新言、別說，蓋不過十一，其書系錄「賢士貞女」之「百行殊途」的美德善跡，如劉向《列女傳》等即是。「雜記」乃搜采怪異之書，如干寶《搜神》，則史料價值不大。至於地理書、都邑簿者，實有很高的史料價值。「地理書」多志一方「物產殊宜，風俗異化」，但良莠不齊，其中有「言皆雅正，事無偏黨」者，亦有「競美其居，談過其實」者，也有以委巷傳聞爲故實者。最後「都邑簿」言記「帝王桑梓」「經始之制」，如潘岳《關中》、陸機《洛陽》等，對都邑之宮闕、陵廟、街廛、郭邑的營造，能「辨其

規模，明其制度」。

　　劉知幾認爲總體來說，這十目「言皆叢殘，事必瑣碎」，與正史不可同日而語。但他又指出雜述十流皆有其悠久的歷史，對於史家選材仍有其不容忽視的價值。史家從「博聞舊事，多識其物」的立場出發，應當重視這些書籍，只不過需要愼加抉擇而已。劉知幾對這十流的分法，其實很明顯是從史料學的角度著眼來做分類的，故與一般目錄學的分類有些差異。❿❸

　　至於章學誠時，則提出「六經皆史」的觀念，六經是指《尚書》、《詩經》、《禮》、《樂》、《春秋》和《易》六部古代儒家經典之作。自西漢武帝罷黜百家，獨尊儒術之後，這六部典籍被尊稱爲六經。章學誠在《文史通義》一開篇即說：

> 　六經皆史也。古人不著書，古人未嘗離事而言理，六經皆先王之政典也。或曰：《詩》、《書》、《禮》、《樂》、《春秋》，則既聞命矣。《易》以道陰陽，願聞所以爲政典，而與史同科之義焉。曰：聞諸夫子之言矣。「夫《易》開物成務，冒天下之道。知來藏往，吉凶與民同患。」其道蓋包政教典章之所不及矣，「象天法地，是興神物，以前民用」其教蓋出政教典章之先矣。

---

❿❸　劉知幾在《史通》中只就偏記、小説等十類雜史，分述源流，略論其利弊得失，不曾系統敘述雜史的發展過程，他的重點還是擺在正史上，故其論史體，幾乎不受稍前編就的《隋志》的影響，而另起新局，《隋志》在目錄學上的分類及其影響，則是相當重要的，可參許凌雲，《劉知幾評傳》，頁192~194及255~256。

明確表白他對六經的看法，認爲世人尊奉的六經，其實原本都只是史書。從史書源流和史料學的角度來看，章學誠提出「六經皆史」的命題，正是他整個史學思想體系中的一個重要部分，故值得探究論敘。但因爲近世以來對於「六經皆史」的探討已多❿，本節不擬重覆敘述那些意見，只就「擴大史域」此一標題，來看章學誠「六經皆史」的貢獻即是。當然，從標題著手，則「六經皆史」的意義，只能限制在史料學的範疇之內。至於解爲「史學」之意，則必須俟諸另文。

　　「六經皆史」之說，言者以爲宋代以降即已有之，非章氏新創，誠然沒錯。❿其實在宋代之前，至少劉知幾就已經把經

---

❿　可參黃兆強，〈同時代人論述章學誠及相同問題之編年研究〉，《東吳文史學報》第9期（1991）；又同氏，〈六十五年來之章學誠研究〉第6期（1988）。近人周予同，〈章學誠「六經皆史說」初探〉，《中華文史論叢》第1輯（1962.8）後又收於氏著，《周予同經學史論著選集（增訂本）》，（上海：上海人民出版社，1996二版二刷），頁711~727。日人島田虔次，〈歷史的理性批判—「六經皆史」の說〉，《哲學IV—歷史の哲學》，岩波書店，岩波講座第18分冊。其中譯收於《日本學者研究中國史論著選譯》（北京：中華書局，1993）第七卷思想宗教，頁181~210。其他，如葉建華等，《章學誠評傳》（南京：南京大學出版社，1996）第五章第二節〈六經皆史論〉，頁155~194；倉修良、倉曉梅著，《章學誠評傳》（南寧：廣西教育出版社，19），頁140~145；拙撰，《史學三書新詮》，頁242~268及171~175亦敘及六經皆史。其餘不備舉。

❿　六經皆史的說法，至宋陳傳良明確提出，見徐得之《左氏國紀序》，自宋以降，劉恕、王陽明、王世貞、胡應麟、顧炎武、馬驌皆曾論之，近人錢鍾書《談藝錄》（增訂本）亦曾詳述，見頁261~265。又可見喬

書當作史書看，開「六經皆史」之先河了。劉知幾在《史通·六家》篇之中，即認爲《尙書》是記言之史，《春秋》是記事之史，是孔子述《魯史》以寓褒貶之書；《易》、《詩》、《禮》亦屬史籍，在《史通·自敘》，劉知幾說：

> 昔仲尼以睿聖明哲，天縱多能，覩史籍之繁文，懼覽者之不一，刪《詩》爲三百篇，約史記以修《春秋》，贊《易》道以黜八索，述《職方》以除九丘，討論墳、典，斷自唐、虞，以迄於周。

即把孔子所整理的經書，全部視爲史籍。論者一般以爲劉知幾《史通》的開篇〈六家〉，即把《尙書》家、《春秋》家，乃至解經之《左傳》家、《國語》家與後兩家的《史記》家、《漢書》家，一齊並論，置於同等位置，本身已代表著一種進步的意義。⓯章學誠受到劉知幾的影響應是無誤。只是章學誠的說法，另

衍琯，《文史通義：史筆與文心》（臺北：時報文化事業公司，1983），頁53。另參小島祐馬，〈李卓吾と「六經皆史」〉，《支那學》第十二卷（日本：弘文堂，1946~1947）《花甲間話》，頁169~176，亦涉及章學誠之六經皆史說。唯李氏之說於章氏生時恐不易見到其書，影響可能不大。

⓯ 可參孫欽善，〈劉知幾在古文獻學上的成就〉，《文藝》1988：4，頁222~223。當然這種觀點在後世引起反彈，自不乏其人。本文要點則在劉、章兩人之間對六經取得一種傳承的看法。孫欽善的看法，筆者十分認同。當然傅振倫，〈章學誠在史學上的貢獻〉，原載《史學月刊》1964：9，又收於《中國史學史論文集》（上海：人民出版社，1980），頁552，恐是較早論及此點的一篇文章。

有新義,而在清代學術思想史上佔有一席重要地位。

除劉知幾的影響之外,王守仁的五經皆史的說法,也對章學誠產生影響,他在《傳習錄上》說:「以事言謂之史,以道言謂之經。事即道,道即事。《春秋》亦經,《五經》亦史。《易》是包犧氏之史,《書》是堯舜以下史,《禮》、《樂》是三代史。其事同,其道同,安有所謂異?」余英時以為章氏以清代陸王的正傳自命,則王陽明之說,必對章氏有所啓發,惟王氏以經學理學言史,其立場與章氏不盡同,故其間關係恐係章氏私淑浙東學派的傳統而作出的回應。⑩

除前代的影響外,當時的歷史條件也有關係。《文史通義》所說:「六經皆史也。古人不著書,古人未嘗離事而言理,六經皆先王之政典也」,正針對著當時「離事而言理」的空疏學風所發的。明末儒生無本空談的不良學風十分嚴重。清初顧炎武、黃宗羲等諸有識之士,甚至認為明朝亡國與此空疏冥談學風有直接關係。而乾嘉時代猶有漢、宋兩學之爭,仍然激烈,章學誠是浙東史學的殿軍,亦是集大成者,遂以「六經皆史」此一命題,向漢、宋壁壘發難。此一命題之提出,不僅轉變了明末以降的空疏學風,有其一定的現實意義,而且還擴大了史學的研究範圍。

如前所述,所謂六經,本是上古文獻,在孔子聚徒講學之時,六經都還未稱「經」,直至孔子歿後,其門弟子恐其說失

---

⑩　可見余英時《論戴震與章學誠》,頁45~47。

傳，於是各就見聞而載孔子生前之言，並加以詮釋和發揮而稱
「傳」，傳之相對於經，猶如子之於父，此後才有經名。後世
書繁，乃將所謂聖人之言論與注經之傳，一律歸諸經部，於是
有九經、十經、十三經、十四經等稱呼，以爲專部。以後儒者
著書，始嚴經名，不敢觸犯。⓲以後的「經」，仿如秦漢以後
只有帝王能自稱「朕」一樣，可見經都是古史。錢穆以爲六經
都是當時的官書，或說是當時衙門的檔案，或說是各衙門官吏
的必讀書。亦即是《漢書·藝文志》所謂的「王官之學」或「貴
族之學」，後來才慢慢流到民間。⓳可見傳統時代長期以來尊
經的思想一直束縛著史學的發展，章學誠等人提出「六經皆史」
的主張之後，不僅把史學的研究領域擴大到經學中去，當然也
可以說是降經爲史或回復經典爲史籍，擴大而且提高了史學的
領域與地位，無疑對促進中國史學的發展，會有巨大的良好的
積極作用。

　　這裏對六經皆史擴大史域已可清楚，但尙有二點補充，應
再加以說明：㈠雖謂「六經」，但我們的理解範圍，應該放大，
不宜侷限在《易》、《書》、《詩》、《禮》、《樂》、《春
秋》而已，如島田虔次所說的並非專指儒家上述六部經籍，而
是指經中之經，即最原初的眞經。⓾島田氏專文並未繼續對最

***

⓲　《文史通義·經解上》，頁28~29。

⓳　錢穆，《中國史學名著》（臺北：三民書局，1974，再版）第二冊，
　　頁313~314。

⓾　島田虔次，〈歷史的理性批判—「六經皆史」の說〉，《哲學IV—歷

原初的真經做解釋，我們則可回歸章學誠原本的看法，他說：
「今之所謂經，其強半皆古人之所謂傳也；古之所謂經，乃三
代盛時典章法度見於政教行事之實，而非聖人有意作爲文字以
傳後世也」⓫，所以六經應如錢穆前說之官書檔案，即「先王
政典」，廣義來講，皆是史書。

　　(二)「六經皆史」是一句孤語，本不能據以斷言，但因章學
誠還有另句話：

　　　愚之所見，以爲盈天地間，凡涉著作之林皆是史學。《六
　　　經》特聖人取此六種之史以垂訓耳。子、集諸家其源皆出
　　　於史。末流忘所自出，自生分別。故於天地之間，別爲一
　　　種不可收拾、不可部次之物，不得不分四種門戶矣。⓬

因而胡適遂認爲可以充分說明《六經》爲史料。⓭這裏所說的
「凡涉著作之林，皆是史學」，比起上述之六經，其實範圍又
更擴大許多了。許冠三認爲學誠的「六經皆史」及「凡涉著作
之林，皆是史學」之中的「史」和「史學」，均指「史料」而
言，故六經爲「先王政典」，也是著作，因此以史料視之，最

　　史の哲學》，岩波書店。本文採朴紅心譯，氏著，〈六經皆史説〉，《日
　　本學者研究中國史論著選譯》（北京：中華書局，1993），頁184。
⓫　《文史通義・經解上》，頁29。
⓬　《文史通義・報孫淵如書》，頁342。
⓭　胡適著，姚名達訂補，《章實齋先生年譜》（台北：台灣商務印書館，
　　1973台二版），頁137。

爲通達。⑭許氏的看法沒錯。因而本書也主張就章氏史學思想
體系有關「六經皆史」這一命題，實際應加上「凡涉著作之林，
皆是史學」這一句話或命題才算完備。然就本節標題「擴大史
域」而言，後者比起前者更大，連子、集都包括在內了。章學
誠爲畢沅所編纂的《史籍考》之中，就收錄子集於其中了，有
謂：「承詢《史籍考》事，取多用宏，包經而兼探子、集」⑮
可見。

　　另外，章學誠在擴大史域上，由於他個人的人生際遇與特
殊經驗，可道者尚有㈠、方志：章學誠一生讀過很多方志，也
修過不少方志，故對方志有許多獨特的心得。早在乾隆二十八
年（1763），他回答國子監同窗甄松年的兩封書信，即〈答甄
秀才論修志第一書〉及〈第二書〉，就對方志提出不少批評性
的意見，如「今之志書，從無錄及不善」、「志之爲體當詳於
史，而今之志乘所載百不及一」、「非若今之州縣志書，多分
題目，浩無統攝也」及「州郡立志，仿自前明，當時草創之初，
雖義例不甚整齊，文辭尚貴眞實，剪裁多自己出」等等⑯，皆
見肯綮切中。他自己也修過《天門縣志》、《國子監志》、《和
州志》、《永清縣志》、《亳州志》、《湖北通志》等等，經

---

⑭　　許冠三，《劉知幾的實錄史學》（香港：中文大學出版社，1983），
　　　頁178。又可參岡崎文夫，〈章學誠の史學大要〉，《史學研究》第二
　　　卷（1931），頁333~335。
⑮　　《文史通義・報孫淵如書》，頁342。
⑯　　《文史通義・答甄秀才論修志第一書》及〈第二書〉，頁478~484。

驗豐富，心得獨多。在本節標題的範疇內，本文要指出的是在章學誠的乾嘉時期，學界視方志爲地理書，但學誠在編修《和州志》時即已賦予方志有新舊不同的體例作法，而提昇爲史學理論的模式。修志期間，也曾與大學者戴震（長於章學誠十六歲，就輩份言應是章的老師輩了）就志的體例問題，發生辯難，卻因而奠定其方志學理論的初基。戴震主張「夫志以考地理，但悉心於地理沿革，則志事已竟」之說，紀昀（1724－1805）總纂之《四庫全書總目》也將方志列於史部地理類。學誠以其實際修志的經驗，反對方志爲地理書，主張應歸爲史體，強調「方志爲古國史，本非地理專門」●，又說：「夫家有譜，州縣有志，國有史，其義一也」●，都是說明方志是地方史非地理書。章氏此說，近已獲得廣大回響。章氏之後，迄於今日不管海峽兩岸，修志已率多視如史書，修志者亦多係以歷史專長者爲主而可見一斑。如此一來，史學研究領域又推拓甚多，含蓋了方志的範疇。

　　㈡案牘圖牒：案牘指官府公文，圖牒是圖籍表冊，學誠認爲上古時政府公文一類的資料分屬府史及五史掌管，史家撰史時，因資料俱在，極爲稱便，只須別識心裁，即可極著述之能事，寫出史學佳作來。然由於後世撤銷府史及五史的機構，史料便難以妥善保存了，因此，學誠主張要把案牘、圖牒等納入

● 　《文史通義·記與戴東原論修志》，頁498。
● 　《文史通義·爲張吉甫司馬撰大名縣志序》，頁506。

史學的領域之內，如此史家撰述才能寫出精品，他在《文史通義·答客問中》有云：

> 若夫比次之書，則掌故令史之孔目，簿書記注之成格，其原雖本柱下之所藏，其用止於備稽檢而供采擇，初無他奇也。然而獨斷之學，非是不爲取裁；考索之功，非是不爲按據。如旨酒之不離乎糟粕，嘉禾之不離乎糞土。是以職官故事、案牘圖牒之書，不可輕議也。⓫

他落實這種主張於實際修志的過程中，特闢掌故體例將地方政府的章程條例和重要文件等全部收入，予以永久保存而利於日後撰史之資。

　　㈢正史應立〈史官傳〉及圖：章學誠在與子孫家書中提到：「廿三、四時所筆記者，今雖亡失，然論諸史，於紀、表、志、傳之外，更當立圖；列傳於〈儒林〉、〈文苑〉之外，更當立〈史官傳〉。此皆當日之舊論也，惟當時見書不多，故立說鮮所徵引耳，其識之卓絕，則有至今不能易者」。⓬史書應有圖，在本章上節已談過，茲可不贅，於此專看〈史官傳〉。在唐代開設史館之後，古來私門撰述之史學傳統幾致廢絕，反映史家的內容，只能附錄於他人列傳之後，或是文士閑談時偶爾提及，學誠對此現象殊爲不滿，以爲不立〈史官傳〉，不僅無理地剗

⓫　《文史通義·答客問中》，頁141。
⓬　《文史通義·家書六》，頁369。

奪了史家應有的學術地位，使中國幾千年來代代相承的史學發
展脈絡，因人為因素而源流不明，尤其唐宋官局修書，乃出於
眾手輯緝，良莠不齊，反映參加編寫者的背景資料就變得十分
重要，因而如果正史之中，能立〈史官傳〉，就可考察出編撰
者的學識與人品的高低，且符合文責自負的原則，藉此分辨出
其中的曲筆不實、剽竊迴護之處。然而唐、宋史館監領不知〈史
官傳〉之重要，遂使「經生帖括，詞賦雕蟲，並得喝啾班、馬
之堂，攘臂汗青之業者矣」**⓬**，因此，章學誠主張增設〈史官
傳〉，增設自可擴大史域，唯此則亦可歸之於新史體之一。

　　所可注意者，學誠主張增設〈史官傳〉，與其歷來強調之
史意，亦有密切關係。其云：

> 墳籍具存，而作者之旨，不可不辨也。古者史官，各有
> 成法；辭文旨遠，存乎其人。孟子所謂其文則史，孔子
> 以謂義則竊取。明乎史官法度不可易，而義意為聖人所
> 獨裁。然則良史善書，亦必有道矣。**⓭**

文中之「旨」，即指史意，說明史意存乎史家心中，故應立〈史
官傳〉，以昌明史意。又說立〈史官傳〉，「則《春秋》經世，
雖謂至今存焉可也」；不立，「乃使《春秋》家學，塞絕梯航，

⓬　《文史通義・和州志前志列傳序例》，頁417。
⓭　《文史通義・和州志前志列傳序例》，頁415~416。

史氏師傳，茫如河漢」**⑫**，是知學誠主張立〈史官傳〉，乃希望將孔子《春秋》之義的精神注入其中，使之代代相傳，發揚光大，以重新恢復中國古代史學重史意之優良傳統。

凡上三方面，皆可知章學誠評騭以往之史學，發現缺失及不足之處，所倡者適足以擴大史學研究之領域，尤其他說「盈天地間，凡涉著作之林，皆是史學」，更可見他認爲史學範圍是極其廣泛的，他之所以主張擴大史料的徵集範圍，最終還是爲了體現史義之目的。如上節所述，章學誠將古代史籍劃分爲撰述與記注兩大類，撰述「欲其智」，記注「欲其愚」，就是說著述要求體現史義或史意，史料要求原始、完整、豐富。只有以豐富的史料做基礎，才有完善、高質量的史學論著產生。**⑫**

第五節　史學任務：經世致用

劉知幾與章學誠的史學理論之中，對史學的目的，或史學的任務，都有明確而又深刻的闡述，但一言以蔽之，則是經世致用。兩人都是一樣的看法，因而本節副標題只用「經世致用」一詞，並無劉、章不同主張的並列。

中國史學經世的傳統古老而悠久，內容也甚爲豐富，其要

---

⑫　《文史通義·和州志前志列傳序例》，頁416。

⑫　參廖曉晴，《史林巨匠》（瀋陽：遼海出版社，1997），頁205~209及214~219。

求實用，並極具深意，已有許多學者論及於此⓲，本書自應避免重複之贅言，直接切入劉、張兩氏有關論述經世致用的主題。

對劉知幾而言，他對史學的任務與功用，曾在《史通·直書》篇中說：

> 史之爲務，申以勸戒，樹之風聲。其有賊臣逆子，淫君亂主，苟直書其事，不掩其瑕，則穢跡彰於一朝，惡名被於千載。⓲

他沿襲古來「多識前古，貽鑒將來」「前事之不忘，後事之師」之遺意，以史爲鑒，讓後人效法先人，或成賢稱聖，或自惕勵勉，慎行謹言，不忝所生，而不至於惡名穢行，披惡千古。他又說：「使後之學者，坐披囊篋，而神交萬古，不出戶庭，而窮覽千載；見賢而思齊，見不賢而內自省」。⓲其意蓋謂透過披覽史書，可以知千載萬古之事，而可懲革前非，臻於善境。甚至由此可以明瞭興廢窮達之理。有云：

⓲ 可參施丁，〈中國史學經世思想的傳統〉，《史學史研究》1991：4，頁35~46及71；胡逢祥，〈史學的經世作用和科學性〉，《探索與爭鳴》1992：2，頁8~16；暴鴻昌，〈清代史學經世致用思潮的演變〉，《中國社科院研究生院學報》1991：1，頁31~38；張灝，〈宋明以來儒家經世思想試釋〉，《近世中國經世思想研討會論文集》，臺北，中研院近史所，1984，頁3~19。

⓲ 《史通釋評·直書》，頁227。

⓲ 《史通釋評·史官建置》，頁349。

> 夫以興廢時也，窮達命也。……而自秦至晉，年踰五百，
> 其書隱沒，不行於世。既而梅氏寫獻，杜侯訓釋，然後
> 見重一時，擅名千古。⓲

以上皆見知幾以史書史學爲論，說明研究歷史的目的，本在於
經世致用，於人道有益。

　　再者，劉知幾更以爲史學應具有鑒誡教化的作用。他說：

> 蓋烈士徇名，壯夫重氣，寧爲蘭摧玉折，不作瓦礫長存。
> 若南、董之仗氣直書，不避強禦，韋、崔之肆情奮筆，
> 無所阿容。雖周身之防有所不足，而遺芳餘烈，人到於
> 今稱之。⓴

又：

> 若乃《春秋》成而逆子懼，南史至而賊臣書，其記事載
> 言也則如彼，其勸善懲惡也又如此。由斯而言，則史之
> 爲用，其利甚博，乃生人之急務，爲國家之要道。有國
> 有家者，其可缺之哉！⓿

史學既以經世爲務，則內容則重在勸善懲惡上，唯有如此，始
能樹立教化的典範。《史通·曲筆》篇說：

⓲　　《史通釋評·鑒識》，頁243。
⓴　　《史通釋評·直書》，頁228~229。
⓿　　《史通釋評·史官建置》，頁349~350。

> 蓋史之爲用也，記功司過，彰善癉惡，得失一朝，榮辱
> 千載。苟違斯法，豈曰能官。但古來唯聞以直筆見誅，
> 不聞以曲詞獲罪。是以隱侯《宋書》多妄，蕭武知而勿
> 尤；伯起《魏史》不平，齊宣覽而無譴。故令史臣得愛
> 憎由己，高下在心，進不憚於公憲，退無愧於私室，欲
> 求實錄，不亦難乎？嗚呼！此亦有國家者所宜懲革也。

知幾深斥魏收之《魏史》爲穢史，《宋書》亦多妄，即在於兩
書不能記功過、明鑑戒與直書實錄，反致輕事塵點，曲筆僞錄。
因而知幾提出欲明教化，首需直筆論。直筆而書，始有益人倫
教化，也才能達到「勸戒」的作用。否則，史家即未盡史職，
〈申左〉篇說：

> 至於實錄，付之丘明，用使善惡畢彰，眞僞盡露。向使
> 孔經獨用，《左傳》不作，則當代行事，安得而詳者哉？
> 蓋語曰：仲尼修《春秋》，逆臣賊子懼。又曰：《春秋》
> 之義也，欲蓋而彰，求名而亡，善人勸焉，淫人懼焉。
> 尋《左傳》所錄，無愧斯言。此則傳之與經，其猶一體，
> 廢一不可，相須而成，如謂不然，則何者稱爲勸戒者哉？

他推許《左傳》爲實錄，便因左丘明繼承了孔子「春秋之義」，
使得「善惡畢彰，眞僞盡露」。可見其直筆論所強調的從實而
書，眞僞盡露，本身即具善惡畢彰的功用，進而有勸戒的目的。
知幾此說與《國語・楚語》記載申叔時論教太子，主張「教之

春秋，而爲之聳善而抑惡焉」及孔子因見「世衰道微，邪說暴
行有作」而修《春秋》是一致的。後世歐陽修、朱熹等人編史，
亦悉力摹擬《春秋》筆法，至章學誠《文史通義》亦猶一再要
求「史書之書，其所以有裨風教者」，「綱常賴以扶持，世教賴
以撐柱」，都可說著眼於闡揚人倫教化，有益世道人心所致。

　　知幾還在〈自敘〉篇表示《史通》：「雖以史爲主，而餘
波所及，上窮王道，下揆人倫，總括萬殊，包呑千有。」其所
要表達的涵義，「有與奪焉，有褒貶焉，有鑑誡焉，有諷刺焉。」
知幾從歷史的研究出發，最後提昇到「王道人倫」的層次，〈載
文〉篇有云：

　　　夫觀乎人文，以化成天下；觀乎國風，以察興亡。是知
　　　文之爲用，遠矣大矣。若乃宣、僖善政，其美載於周詩；
　　　懷、襄不道，其惡存乎楚賦。讀者不以吉甫、奚斯爲諂，
　　　屈平、宋玉爲謗者，何也？蓋不虛美，不隱惡故也。是
　　　則文之將史，其流一焉，固可以方駕南、董，俱稱良直
　　　矣。[131]

雖知幾由文及史而成其史論，然其中「化成天下」，「以察興亡」，
亦頗有通古今明變化之效，與司馬遷之「究天人之際，通古今
之變」，鄭樵之「會通之義」「極古今之變」，章學誠之「綱紀
天人，推明大道」都具有相同的意義，都是要由歷史或史學的

[131]　《史通釋評・載文》，頁147。

發展，來明其「變通弛張之故」，亦即由考察世變，而取爲世用。這一點應是傳統史學之中理論層次較高的一種經世思想古代史家能眞正做到此點的恐怕不多。 ⓲

　　綜上可知劉知幾的史學經世，是由一、以史爲鑒；二、闡揚人倫教化；三、通變明道等方面來考察及立論的，而其評析極爲犀利深刻。

　　至清乾嘉之世，章學誠亦大談「史學所以經世」，對古代史學經世的傳統作了明確的肯定和總結。他在《文史通義·浙東學術》中說：

> 史學所以經世，固非空言著述也。且如《六經》，同出
> 於孔子，先儒以爲其功莫大於《春秋》，正以切合當時
> 人事耳。後之言著述者，舍今而求古，舍人事而言性天，
> 則吾不得而知之矣。學者不知斯義，不足言史學也。

明確表達「史學經世」的觀點。他又在此語之下自注：「整輯排比，謂之史纂；參互搜討，謂之史考；皆非史學」。爲其所謂之史學作進一步解釋，其意蓋在凡稱「史學」，必然「經世」。除此之外，上句話尚須做下列二方面的理解。

　　一、文中所談「舍今而求古，舍人事而言性天」是「不足言史學」，乃有其時代性，反映當時乾嘉學風有所謂「漢學」與「宋學」之分，「漢學」務實學，以考據爲主；「宋學」尚

⓲　胡逢祥，〈史學的經世作用和科學性〉，頁9。

性理，以議論爲主。議論一偏，有空談性理不切人事之弊；考據一偏，有脫離實際煩瑣考証之弊。兩者各立門戶，各是其是；又互相詆毀，揭露對方。實際則皆未繼承古來經世致用的傳統。學誠面對當時盛行的考據學風，指出其偏弊爲「古人之考索，將以有所爲也，旁通曲証，比事引義，所以求折中也；今則無所爲而競言考索」❸，即對考事不引義表示遺憾。又說：「近日學者風氣，徵實太多，發揮太少，有如桑蠶食葉而不能抽絲」❹，此爲學誠對考據雖有實學而無實用之批評。另者，他亦反對性理之學，以爲是「惟騰空言而不切於人事」，指出「朱陸異同，干戈門戶，千古桎梏之府，亦千古荊棘之林也；究其所以紛綸，則惟騰空言而不切於人事」。又說：「彼不事所事，而但空言德性，空言問學，則黃茅白葦，極面目雷同，不得不殊門戶以爲自見地耳，故惟陋儒則爭門戶也。」❺學誠的批評可謂嚴肅而且中肯。因而學誠才針對兩者提出上句話「史學所以經世，固非空言著述也。……」批評了漢宋兩學的不知史學，並進一步指出考據博古，也爲了通今；言性天義理，也爲了人事，史學是「所以經世」的。基於這個史學理論，故學誠強調博古與通今的會通之旨，這是要達到經世致用的基本要求之一❻，學誠深明古今之聯繫，故他反對「博古」而「昧於知時」。

---

❸　《文史通義·博雜》，頁194。
❹　《文史通義·與汪龍莊書》，頁328。
❺　均見《文史通義·浙東學術》，頁52~54。
❻　施丁，《中國史學經世思想的傳統》，頁45~46。

他一向強調「禮時爲大」，說「學者昧於知時，動矜博古，譬如考西陵之蠶桑，講神農之樹藝，以謂可禦饑寒而不須衣食也」。❿他也在〈原學上〉說：「求其前言往行，所以處夫窮變通久者，而多識之，而後有以自得所謂成象者，而善其效法也」。❿學古是爲了效法，效法是爲了今用。「故效法者，必見於行事」，這點已包括以史爲鑒的涵意而更爲推廣了。

不過，學誠並不完全否定歷史考據，亦無意打倒考據家，他聲稱：「且未嘗不知諸通人所得亦自不易，不敢以時趨之中不無僞托，而並其眞有得者亦忽之也」❿，又說：「考索之家亦不易易，大而《禮》辨郊社，細若《雅》注蟲魚，是亦專門之業，不可忽也」❿，所以因其弊而救其偏，提出經世說。換言之，他以爲博古是需要的，但不能爲博古而博古，一定要考慮切於實用。故而針對當時之學者「但誦先聖遺言，而不達時王之制度，是以文爲鞶悅絺繡之玩，而爲鬥奇射覆之資，不復計其實用」的狀況，強調「有體必有用」，並指出：

> 君子苟志於學，則必求當代典章，以切於人倫日用。必求官司掌故，而通於經術精微，則學爲實事而文非空言，所謂有體必有用也。不知當代而言好古，不通掌故而言

---

❿　《文史通義·史釋》，頁152。
❿　《文史通義·原學》，頁45。
❿　《文史通義·家書二》，頁366。
❿　《文史通義·答沈楓墀論學》，頁338。

經術，則鑿悅之文，射覆之學，雖極精能，其無當於實
用也，審矣！⓵

以上實際將「學爲實用」「學術經世」的奧蘊講得非常清楚。
這種博古通今的思想，除對漢宋兩學的批評，也可爲好古敏求
者的藥石。

做爲浙東史學殿軍的章學誠，針對當時漢、宋兩學爭執，
仍持續進行，當然不能三緘其口，他批評說：「君子學以持世，
不宜以風氣爲重輕。宋學流弊，誠如前人所譏，今日之患，又
坐宋學太不講也」⓶；他既然要挽救當時偏頗的學風，不能採
取矯枉過正的做法，則如何做才是合適呢？他指出：「學問文
章，聰明才辨，不足以持世；所以持世者，存乎識也。所貴乎
識者，非特能持風尚之偏而已也，知其所偏之中亦有不得而廢
者焉」⓷，這就是說要挽救偏頗學風，不但要知道何者應拋，
更要知道哪些該留？不偏不倚，允執厥中，重新樹立新學風，
學術之途才有康莊大道。然要做到此點，即必具「識」。

二、文中還發揮了「六經皆史」之說。學誠在《文史通義》
一開頭便說：「六經皆史也。古人不著書，古人未嘗離事而言

⓵　《文史通義·史釋》，頁151~152。

⓶　《章學誠遺書·家書五》（北京：文物出版社，1985），頁92。

⓷　《章學誠遺書·家書五》，頁35。此處本應如前例引華世本《文史通
　　義》才是，唯於寫作之時，該書置於另處，遂就近取以資証所言，故
　　改採章氏遺書本，並非故意夾雜不同注本以增書目。實以相關史料分
　　置寒舍與學校研究室，而撰文時又或在兩處之一，故耳。

理，六經皆先王政典」❹，又說：

> 六經不言經，三傳不言傳。……古人所謂經，乃三代盛
> 時典章法度，見於政教行事之實。❺
> 若夫六經，皆先王得位行道，經緯世宙之跡，而非托於
> 空言。故以夫子之聖，猶且述而不作。❻
> 異學稱經以抗六藝，愚也。儒者僭經以擬六藝，妄也。
> 六經初不爲尊稱，義取經綸爲世法耳。❼

六經皆史，學誠自解爲「先王政典」，具史料之意濃厚。但這
些政典是用來「經緯世宙」的。六經被稱爲經，也並非「尊稱」，
不過是「義取經綸爲世法耳」。由此可以推知六經皆史的另一
個更深層次的意義即在於「經世」。學誠從此點出發，提出史
學所以經世的主張，因而有〈浙東學術〉篇的申論發揮。而最
後做到集浙東史學之大成。❽

學誠在許多篇章如〈易教上〉、〈經解上〉、〈經解下〉、
〈史釋〉等申述經世致用的看法，其所論著大多有關於當時學
術之發展及社會風尚利弊得失。他說：「學業將以經世，當視

---

❹ 《文史通義·易教上》，頁1。
❺ 《文史通義·經解上》，頁28。
❻ 《文史通義·易教上》，頁2~3。
❼ 《文史通義·經解下》，頁31。
❽ 倉修良，〈章學誠與浙東史學〉，《中國史研究》1981：1，頁119。

世所忽者而施挽救焉。」⑭，因此，他認爲做學問不能趕風頭
趨時好。他自己不受當時流行的乾嘉學術影響，堅持走經世致
用之路即是最佳說明。他對學術界追求名利的作風，予以批評
說：

> 夫科舉之業，學者鄙之，爲其有所爲而爲，非出於中之
> 不得已也。科名將以爲利，而學問將以爲名，同逐時趣，
> 而非出於中之不得已。乃人之無所得，而勉強言學問者，
> 輒視舉業爲小技，識者旁觀，何以異於五十步之笑百步
> 哉！雖然，舉業無當於學問，斯固然矣。……誠能從於
> 學問，而以明道爲指歸，則本深而末愈茂，形大而聲自
> 宏。⑮

學誠強調史學要經世致用，而不爲個人謀私利。在當時社會，
學子多作升官發財之夢，視科舉爲敲門磚，不惜皓首窮經，而
一些自命清高，聲稱做學問者，其實成名之心最切，他們追逐
時風，爭作時髦文章，而不考慮所學是否有益於世道，這實際
上是沽名釣譽。在明眼人看來，前者爲利，後者爲名。兩者僅
五十步與百步之差，無本質上的區別。如此治學，豈有資格侈
談經世致用？學誠還說：「文章經世之業，立言亦期有補於世，

---

⑭　《文史通義·答沈楓墀論學》，頁338。
⑮　《章學誠遺書·與朱滄湄中翰論學書》，頁84。

否則古人著述已厭其多，豈容更益簡編，撐床疊架爲哉？」❶
又說：「人生不饑，則五穀可以不藝也；天下無疾，則藥石可
以不聚也。學問所以經世，而文章期於明道，非爲人士樹名地
也。」❷他在〈說林〉一文，亦反覆舉例論述，意旨都在表明
學術研究須與當前社會需要密切結合，不可脫離社會現實閉門
造車。他自己也是此項主張的實踐者，他除不空言著述外，亦
積極關切社會政治之事，亦即人雖在廟堂之外，卻憂心廟堂內
之事，曾云：

> 近年以來，內患莫甚於蒙蔽，外患莫大於教匪。事雖二
> 致，理實相因，今蒙蔽既決於崇朝，則教匪宜除於不日，
> 而強半年來，未見鑿然可以解宵旰憂者。❸

又：

> 夫此時要務，莫重於教匪，而致寇之端，全由吏治，吏
> 治之壞，由於倉庫虧空，請求設法彌補，設法之弊，實
> 與寇匪相爲呼吸。聖天子方勵精圖治，此事朝野通知，
> 而未見有人陳奏，必有慮及國計，恐難於集義也。言路
> 諸臣，不免疑阻，別非閣下居朝夕啓沃之地，殆難以筆
> 墨罄也。小子不揣，擬爲論時務書，反覆三千餘言，無

---

❶　《文史通義·與史餘村》，頁322。
❷　《文史通義·說林》，頁124。
❸　《章氏遺書·上執政論時務書》，頁732~736上。

門可獻，敢以備采納也。⑮

學誠上時務書及宰相書時，年已六十二，猶不忘世事，冀當局
採納其建議，遂其經世說的理想。可見終其一生，其志不渝。
其經世說尙表現在民族思想上，《章氏遺書》中有許多是表彰
明季忠烈的篇章，如〈徐漢官學士傳〉、〈章烙庵遺書目錄序〉
等。不過若據此說學誠亦有故國之思的民族思想，則恐未盡然。
蓋學誠思想仍有其保守性，亦主擁護時王，故筆者以爲學誠寫
這些文章，無寧說是出自於史家的直筆精神較爲恰當。直筆論
是史學之所以經世的先決條件，否則，史學豈有價值可言，更
何談經世之作用！

　　再者，方志的編修，亦有學誠經世致用思想的落實，因爲
他認爲志爲地方之史，仍具經世作用。他說：

> 史志之書，有裨風教者，原因傳述忠孝節義，凜凜烈烈，
> 有聲有色，使百世而下，怯者勇生，貪者廉立，《史記》
> 好俠，多寫刺客畸流，猶足令人輕生增氣，況天地間大
> 節大義，綱常賴以扶持，世教賴以撐柱者乎！⑯

他以爲方志對社會能起教育作用。而達到維護社會秩序與綱常
倫理的目的，因而他對人物之善惡賢奸特別重視。他說：

⑮　《章氏遺書·上韓城相公書》，頁736下。
⑯　《文史通義·方志略例三》〈答甄秀才論修志第一書〉，頁479。

邑志尤重人物，取舍貴辨真偽。凡舊志人物列傳，例應
有改無削；新志人物，一憑本家子弟，列狀投櫃，核實
無虛，送館立傳，此俱無可議者。但所送行狀，務有可
記之實，詳悉開列，以備采擇，方准收錄。如開送名宦，
必詳曾任何職，實興何利，實除何弊，實於何事，有益
國計民生，乃爲合例。如但云清廉勤慎，慈惠嚴明，全
無實徵，但作計薦考語體者，概不收受。……否則行皆
曾史，學皆程朱，文皆馬班，品皆夷惠，魚魚鹿鹿，何
辨其眞僞哉！⓯

學誠強調方志應「徵信」，與一般史著的要求無二。透過人物
言行反映歷史，亦予人物歷史之評判，使善惡賢奸皆載入史冊，
傳諸萬世，供後人審判鑒戒。而且以方志可爲朝廷修國史提供
豐富而可靠的資料，他引〈州縣請立志科議〉所云加以說明：

傳狀誌述，一人之史也；家乘譜牒，一家之史也；部府
縣志，一國之史也；綜紀一朝，天下之史也。比人而後
有家，比家而後有國，比國而後有天下。惟分者極其詳，
然後合者能擇善而無憾也。譜牒散而難稽，傳誌私而多
諛，朝廷修史，必將於方志取其裁。而方志之中，則統
部取於諸府，諸府取於州縣，亦自下而上之道也。然則
州縣志書，下爲譜牒傳志持平，上爲部府徵信，實朝史

⓯　《方志略例三‧修志十議》，頁488。

之要刪也。

又說：

方州雖小，其所承奉而施布者，吏、户、禮、兵、刑、工，無所不備，是則所謂具體而微矣。國史於是取裁，方將如春秋之籍資於百國寶書也。又何可忽歟？(157)

可見章學誠強調地方之史——方志可以爲「國史之要刪也」，倉修良以爲亦足以反映其經世致用思想(158)，此見無誤。

由上述來看，章學誠倡史學經世，亦在以史爲鑒、有益世教及明道經世三方面來論，雖所論內容與劉知幾不同，但抽離其表面事象，本質同在經世。史學無此任務，實形同槁木而無生機。

小　結

總前所述，劉、章兩氏透過史學批判精神及其著作《史通》與《文史通義》，對史學之宗旨、體裁、體例、領域和任務都有異於前代學者的總結性和開創性的高見。

在第一節「史學宗旨」裏，劉知幾從史料的分類、整理、

(157)　《文史通義·方志立三書議》，頁390~391。

(158)　倉修良，〈章學誠和方志學〉，《中國史學史論集》，頁589。

價值、考訂論到正史撰述的體裁、體例、義例，也就是從形式到內容，甚至到義例所蘊含的思想，都提出主張，形成其「史法」；章學誠則在其書評論文史而以史爲主，其意則在於「通」與「義」兩字。劉知幾與章學誠在史學批評上都主張「通」，但章學誠更重視「義」。章氏重「史意」的思想，貫串於《文史通義》全書之中，他結合孔孟之事、文、義與當時學風的考據、辭章、義理，而形成其「尙意史學」，他強調史學之「義意所歸」，應與「別識心裁」、「獨斷之學」、「一家之言」是一致的。劉氏之「史法」與章氏之「史意」，是古代史學批評中兩個相互聯繫的不同側面，也是兩個相互作用的不同層次。章學誠提出的「劉言史法，吾言史意」，雖非絕對，但對認識中國傳統批評史學，卻有重要的理論價值。❺

　　第二節「史學體例」中述論劉知幾對斷代爲史的推崇，他批評通史一類的史書，如《通史》、《科錄》不具特色而缺魅力，其結論是寫作通史「勞而無功，述者所宜深誡也」❻，但對班固的斷代史《漢書》卻極力推重，謂其書「包舉一代，撰成一書。言皆精練，事皆該密，故學者尋討，易爲其功。自爾迄今，無改斯道」。❻不論知幾對《史記》有批評，或對《漢書》推崇，都著眼於「史法」，即著眼於它們的形式和內容，

❺　瞿林東，《中國古代史學批評縱橫》（北京：中華書局，1994），頁58~59。
❻　《史通釋評・六家》，頁19。
❻　《史通釋評・六家》，頁22。

而未觸及「撰述之旨」。章學誠針對劉知幾批評通史，他指出「史書因襲相沿，無妨並見；專門之業，別具心裁，不嫌貌似也」這是指出史書在內容上或文獻上「因襲相沿」，與作者在撰述之旨上的別具心裁是有區別的，史學批評應重視後者。

第三節「史學宗門」乃陳述史學史體的源流，劉知幾主有二者，一爲當時簡，與史料意思相當，一爲後來筆，則指史學；至章學誠則演成「記注／方智／藏往」與「撰述／圓神／知來」兩大系統。劉氏從史體形式上區分史料與史學，章氏則從史籍性質與功能作用區分記注與撰述。然他主要的還是談撰述之道，也就是核心內容仍在史意或史義上。

第四節「擴大史域」則論劉、章兩氏因應史學的發展需要，主張史學領域必須擴大，於爲劉氏主新增〈都邑〉〈氏族〉〈方物〉三志，並增「制冊」章表書，以及容納魏晉以來發展的新增雜史十流的項目。章學誠則提出「六經皆史」，並擴大到「凡涉著作之林，皆是史學」，可謂極致。此節與兩大宗門之所述，都是爲了體現史義。

第五節「史學任務」在於指出史學之任務或目的，必對世道人心、人倫教化有益才行，劉、章兩氏都主史學必須經世。

由上所述，乃可知劉知幾、章學誠在傳統史學批評史上佔有非常重要的地位，無人可以與他們相比擬的。他們因批評而有重大創獲。

第三章　事　評

　　一仍前章，亦就史事制度範圍之內審視劉知幾、章學誠兩氏相關的批評言論，以悉其見解與主張。首論官局修史制度，次述其史官條件說，再評文士修史事。

第一節　官局修史制——「五不可」與「立志科」

　　設館修史，起源於東漢的蘭台、東觀。此後，北魏設修史局，撰修國史，實即史館。北齊將修史局改稱史館，由宰相兼領其事，稱監修國史，粗具史館規模。隋朝時的史館也採分工制，史官可同時修撰數史。唐初沿用隋代舊制，續稱史館。然自東漢迄於唐初，雖有史館修史之事實，卻未能成為有職守有組織的定型機構，直到貞觀三年，史館官修制度，方始確立。自此之後，每一新朝建立，照例史館要為前朝修史。故而，歷代「正史」得以持續不絕，對中國史學的延續與發展，具重大推衍的功能。❶劉知幾自武后年間入史館，凡「三為史臣，再

---

❶　未著撰者，《怎樣讀史書》（台北：學海出版社，1990）中篇第二章

入東觀」❷，計爲史官，逾二十年之久。由於長期浸淫史館之中，因而史館制度之利弊，知幾最能知悉；官修歷史之甘苦，知幾最能體會；因而對史館制度所發的批判，亦最能深入。知幾久來即懷有撰述「國典」之志，但在入史局爲宦十數年之久，猶無機會展其平生之志，以致孤憤鬱懣，屢欲請辭史職，終在中宗景龍二年（708），向當時監修總領蕭至忠彈鋏告勞，準備卸去史任，此即有名的「五不可」，收錄在《史通・忤時》篇中，其言甚要，爲〈忤時〉篇之柱棒。茲爲避免引用原文導致累蕪之弊，改用爲《史通》作〈通釋〉的浦起龍氏（1679-1760）的釋語，以提結其文，其釋語曰：

> 一、謂古史成於一手，近世例取多員，遂至觀望相延，曠廢時日；二、謂史館聚書，漢懸公令。近須史臣自採，能無關略稽時？三、謂古時良史，秉直公朝；近制禁防，轉滋多口，人皆畏縮遲回；四、謂古人作史，是非進退得自主張，近則例設監修，稟承牽制，無從下筆；五、謂既設監局，宜定科指，訖無配派，誰獨承當，廢職奚咎？❸

第二節〈史館〉，頁172~177。又，金毓黻，《中國史學史》（台北：鼎文書局，1974），第六章〈唐宋以來設館修史之始末〉，頁111~113。

❷ 《史通通釋・自敘・原注》，頁335。另程千帆，《史通箋記》（北京：中華書局，1980）云：「三爲史臣之『三』實指，再入東觀之『再』字虛擬（猶云累入），當分別觀之」，見頁182。

❸ 原文暨浦起龍釋語，皆見於《史通釋評・忤時》，頁700~702。原係劉

這「五不可」，果然使蕭至忠「得書大慚，無以酬答」❹，劉知幾對近世以來的官局修史制度的批評，確實是一針見血之論。劉知幾在這種體制之下工作，自然十分痛苦。他最感痛苦的蓋出於下列兩端：一、個人夙志無由得遂之日；二、自《春秋》以來私家修史的史學傳統，至此而絕。前者劉知幾對史館制度上有宰臣監修，又有眾手共成一史與分程立限的規定，深深箝制史氏之直筆撰作，尤致其難以稱意，其痛苦之心情乃言表如下：

> 凡所著述，嘗欲行其舊議，而當時同作諸士及監修貴臣，每與鑿枘相違，齟齬難入。故其所載削，皆與俗浮沉，雖自謂依違苟從，然猶大為史官所嫉。嗟乎！雖任當其職，而吾道不行，見用於時而美志不遂。鬱怏孤憤，無以寄懷。必寢而不言，嘿而無述，又恐沒世之後，誰知予者？故退而私撰《史通》，以見其志。❺

後者在「五不可」的抗議與批評中，也強烈暗示著。章學誠曾說：

> 唐後史學絕而著作無專家，後人不知《春秋》之家學，

知幾致蕭氏之請辭函。另可參洪業，Wm. Hung,"A T'ang Historiographer's letter of Resignation" in *Harvard Journal of Asiatic Studies* Vol. 29 No. 1. 1969.

❹　《史通釋評·忤時》，頁704。

❺　《史通釋評·自敘》，頁335。

　　而猥以集眾官修之故事，乃與馬、班、陳、范諸書並列
　　正史焉；於是史文等於科舉之程式，胥吏之文移，而不
　　可稍有變通矣。❻

正是劉知幾心底深層的話。知幾以「五不可」批判史館制度，
並非其個人偏見的抒發，而是知幾從史學發展的規律鑑古知來
的成果體現，吾人從唐代以後累世官修的正史來看，除《明史》
因有萬季野（1638－1702）的助編泐勒，稍具可觀之外，未有
一史堪與《三國志》、《後漢書》相匹敵的，即可知之，更遑
論上推至馬、班之《史》、《漢》？是以知幾對官修史局的批
判，以「五不可」向監修宰臣提出史學發展進程，已亮起紅燈
的警告，既可視爲是一項屬於「史學工作者」內在的自覺，也
可認作是對素來具有傳承性的史學傳統即將面臨滅絕，而發出
「文化危機感」的吶喊。知幾摯友吳兢亦以史館多曲筆爲憾，
後在外修撰《唐春秋》、《唐書》；另一位友人朱敬則亦上疏
請擇史官，其中有「超加美職，使得行其進」等語，蓋爲知幾
而發。❼後世的章學誠對知幾所提出對史館的批評，也是予以
附同。其言曰：

---

❻　《文史通義・答客問上》，頁139。

❼　《唐會要》（台北：台灣商務印書館，1968，台一版）卷63，修史官
　　條，頁1100，亦可參《全唐文》（台北：匯文書局，景印清刊本，1961）
　　卷170、171，並參：蘇淵雷，〈劉知幾〉，《中國史學家評傳》（河
　　南：中州古籍出版社，1985）上冊，頁408。

唐世修書置館局，館局則各效所長也，其弊則漫無統紀而失之亂；劉知幾《史通》揚榷古今利病而立法度之準焉，所以治散亂之瘴屬也。❽

前文把劉知幾鬱憤心情分述兩端，其實不一定必要，因為後者對《春秋》以來私家撰史的傳統，因官家設局監修而將終絕所發的悲鳴，正是前者個人夙志的無法兌現，使其撰刊一朝國典的美志永遠失落，兩者是同出一轍，互相關聯的。分開來說，是使劉知幾的抗議情緒及痛苦心情得到更充分的說明，然而若以之為兩回事，則殊謬矣。章學誠即未釐清此點，他說：「劉言史法，吾言史意；劉議館局纂修，吾議一家著述，截然兩途，不相入也」。❾章學誠欲自陳其學有別於劉知幾，是可以理解的，然究其實際，劉氏議館局纂修，斷送史統，與章氏欲承史統撰就其一家之言，本是同一事體。難怪乎近世傅振倫、程千帆等學者不同意他的這項說法。❿

然官修史書制度自唐代形成定制，是當時社會經濟發展的必然結果，也是傳統政治統一的必然要求，更是古來史學發展的大勢所趨⓫，這些恐怕是身在唐代的劉知幾所一時未能察及

---

❽　《文史通義·說林》，頁127。

❾　《文史通義·家書二》，頁365；又參瞿林東，〈史法和史意〉，《文史知識》1991：4，頁56~63。

❿　程千帆，《史通箋記》，頁318。傅振倫，《唐劉子玄先生知幾年譜》（台北：台灣商務印書館，1982），頁15。

⓫　未著姓氏，《怎樣讀史書》，頁173~174。

的。隋唐以前，史書以私修爲多，然私家修史容易觸犯忌諱而身遭橫禍。且典籍掌故，多藏於秘府，私人無法借閱，予私人著史造成極大的困難。相對地官方史館修史，既可廣泛利用公藏圖書，又能利用眾人力量，攤派銓配，即使工程浩大，亦容易指日剋限完成。因此唐代史館制形成並確立之後，後世累代因襲延續，不復改置，可見自有其存在之價值，此或劉知幾所不樂見，亦其所未預見者，故其於《史通》批評此制，始終不假辭色，即緣出於此。

　　對章學誠而言，以其長才，卻始終爲人作嫁，教授書院，編撰地方志書，不得豫入史館，參修一國之史。即便乾隆開四庫館緝書，章氏亦不爲網羅。且其長年爲一家十數口之生活所迫，輾轉流離，顛沛殊甚❷；與劉知幾相較，實可謂造次過甚，極不遇時。❸章學誠謂「劉知幾負絕世之學，見輕時流，及其三爲史臣，再入東觀，可謂遇矣」❹，然而劉知幾雖能「見用

---

❷　章學誠，《章氏遺書·侯國子監司業朱春浦先生書》（台北：漢聲出版社，1973），頁504~505。該書另有北京，文物出版社，1985年版本。

❸　有關章學誠中晚年之境遇，可參胡適著，姚名達訂補，《章實齋先生年譜》（台北：台灣商務印書館，1973，台二版）；岡崎文夫，〈章學誠—其人と其學〉，《東洋史研究》8：1，昭和18年，頁1~9。另亦可參拙著，《史學三書新詮—以史學理論爲中心的比較研究》（台北：台灣學生書局，1997）第一章第三節〈晚年：著述志趣與懷才不遇〉，頁45~50。

❹　章學誠著，葉瑛校注，《文史通義校注》（北京：中華書局，1983）卷四，內篇四〈知難〉，頁366。

於時」，卻又觸處荊棘，難以實現宿願。故載削之餘，退而私撰《史通》，譏評古今，以見其志。其於史館，正如章學誠所感慨的「語史才則千里降追，議史事則一言不合，所謂迹相知而心不知也」。⓯如同前文所述，知幾的懷才不遇，主要係受制於史館官修體制以及監修總官的不學無行，但仍比章學誠幸運多多。章氏栖遑奔走，得遇機會並不多，但他仍自視甚高，孤懷絕詣，他「發憤忘食，闇然自修，不知老之將至，所以求適吾事而已」。⓰因此，他雖然無緣進入官方史局，但仍為地方史事，盡心戮力，終至發皇其方志絕學。

　　方志起源甚古，體例至南宋時始燦然大備，但能將方志的源流、意義、特點、功用、學術價值及編纂方法，寫成完整體系論說者，恐以章學誠為第一人。⓱梁啓超曾指出：「（章氏）一生工作全費於手撰各志，隨處表現其創造精神」⓲，故能於

⓯　同註⓮。

⓰　同註⓮引書，頁368。

⓱　參洪煥春，〈南宋方志學家的主要成就和方志學的形成〉，《史學史研究》1986：4，頁14；並參傅振倫，〈章學誠的方志學〉，《中國史志論叢》（浙江：人民出版社，1986），頁96。室賀信夫，〈章學誠とその方志學〉，《地理論叢》（東京：古今書院發行，京都帝大文學部編），頁264~274。

⓲　梁啓超，《中國近三百年學術史》（台北：華正書局，1974），頁339。梁氏且謂：「方志學之成立，實自實齋始也。」出處同上。井邊一家，〈章學誠の方志學〉，《史淵》第5輯，九大史學會，昭和七年，頁27~48，論頗周詳。

方志學理論有卓越貢獻。纂修方志，因而可謂是章學誠一生最重要的學術活動之一。他不僅親自參與了撰述《天門縣志》、《順天府志》、《國子監志》、《和州志》、《永清縣志》、《亳州志》、《湖北通志》等志，且從中整理出重要方志理論體系，提出「志為史體」、「三書」、「四體」、「方志辨體」和「州縣特立志科」等重要觀點和主張，從而奠定其於清代史學上的重要地位。其重要見解，已散見於前章諸節，不再複述。相應於本節主旨所在，且從乾隆32年（1767）述起，章學誠因「二三當事，猥以執筆見推」，進入太學志局，參與《國子監志》的編修工作。然自其入志局之始，即處處受到牽制，難以施展其才，尤以志局監領之嫉賢妒能，倚仗手中權力，排擠真才實學之士，顛倒是非。致數年之後，忍無可忍，憤然離開志局。離職之後不久，學誠曾寄一長信予朱春浦，詳陳去職之由與今後打算，文中批陳曰：

> 學誠喟然謝去，非無所見而然也。昔李翱嘗慨唐三百年人文之盛，幾至三代兩漢，而史才曾無一人堪與范蔚宗、陳承祚抗行者，以為嘆息。夫古人家法，沈約以前，存者什五；子顯以下，存者什三。唐史官分曹監領，一變馬、班以來專門之業，人才不敵陳、范，固其勢也。每慨劉子元以不世出之史才，歷景雲、開元之間，三朝為史，當時深知，如徐堅、吳競輩，不為無人，而監修蕭至忠、宗楚客等，皆癡肥臃腫，坐嘯畫喏，彈壓於前，

與之錐鑿方圓，牴牾不入，良可傷也。子元一官落拓，十年不遷，退撰《史通》。……是以出都以來，頗事著述，斟酌藝林，作爲《文史通義》，書雖未成，大旨已見。辛楣先生候牘所錄內篇三首，並以附呈。⓳

通過劉知幾在史館的遭遇，不僅暗示了自己離開志局的原因，亦說明了已撰寫《文史通義》之若干篇章及其著述動機。日後，即開始眞正有意義的修志工作，從乾隆 38 年（1773）編修《和州志》開始，迄於乾隆 58 年（1794）受畢沅之聘修妥《湖北通志》止，亦即學誠從廿七歲至五十七歲爲止，整整三十年以上的工夫都花費在撰述方志的全部歷程，逐步建構其方志理論體系而漸趨於成熟，最終蔚爲其絕學。

在其理論體系當中，相應於劉知幾對於官方設局修史制度的「事評」，章學誠建議在各州縣普設「志科」，專掌搜集鄉邦文獻，來解決修志過程中所遇到的資料來源困難問題，此點相仿於「五不可」中的第二不可。他在〈州縣請立志科議〉中指評曰：

今天下大計，既始於州縣，則史事責成亦當始於州縣之志。州縣有荒陋無稽之志，而無荒陋無稽之令史案牘。志有因人臧否，因人工拙之義例文辭；案牘無因人臧否，因人工拙之義例文辭。蓋以登載有一定之法，典守有一

⓳　《章氏遺書・侯國子監司業朱春浦先生書》，第二十二卷，頁505。

> 定之人，所謂師三代之遺意也。故州縣之志，不可取辦
> 於一時，平日當於諸典吏中，特立志科，僉典吏之稍明
> 於文法者，以充其選，而且立為成法，俾如法以紀載，
> 略如案牘之有公式焉，則無妄作聰明之弊矣。積數十年
> 之久，則訪能文學而通史裁者，筆削以為成書，所謂待
> 其人而後行也。如是又積而又修之，於事不勞，而功效
> 已為文史之儒所不能及。**⑳**

學誠不只提出設立志科的建議，且提及每隔數十年纂修一次地
方志書的主張。

志科設立之後，如何開展徵集之工作呢？章學誠大抵主張
志科必須搜集吏、戶、禮、兵、刑、工六部的主要公文、地方
官在任期間的政績、家譜傳記、經史詩文、土木工程、銘金刻
石，集會講學等七方面資料，並錄其副本，加以收藏。至於保
管之法，則「置藏室焉，水火不可得而侵也。置鎖櫝焉，分科
別類，歲月有時，封志以藏，無故不得私啓也」。**㉑**此外，他
還建議四鄉各設採訪一人，職責是平日採集遺文逸事，最後亦
彙總志科。如此，州縣志科徵集與保管地方史料之事方為周備。

在州縣之上，學誠認為在省尚應設立司科，在府應設立府
科，職責同於州縣之志科，如此地方檔案即可層層上達，不僅
「於史事，誠有裨矣」，而且「此補於政理者，殆不可以勝計

---

⑳　《文史通義·州縣請立志科議》，頁396。
㉑　同註**⑳**。

也」。連結省、府、州、縣之志，即可爲章氏常說的「國史之要刪也」。如此方志學即可與史學互相促進得到共同的發展。

　　由上述來看，章學誠與劉知幾對官方設局修史制度都是持負面的看法。但修志撰史的工程，顯非個人才力所能逮，常須借助於眾人之力或官府奧援。而在州縣設立志科，平日搜集和保存地方檔案資料，對文化與政治等都有幫助；且與章學誠所提倡的經世致用的治史觀，又相符埒。然而當時是「挾私誣罔，賄賂行文」橫溢的風氣盛行，清廷最終並未接納。不過，其理想當時雖未實現，並不代表章學誠此一提議不具合理性㉒，吾人倒也由此看出他對於方志學的用心良苦。

第二節　史官條件說─三長抑四長？

　　何等人才可以當史官？古來針對此事並無一具體的遴才標準。或謂「當（古）時史臣載筆，亦皆聖人之徒」㉓，大抵是

㉒　據廖曉晴的說法，民國時期，章氏所提議者始受重視，1944年國民政府頒布「地方志書纂修辦法」，明確規定地方志分爲省、市、縣三級，省志30年一修，市縣志15年一修。二年之後，內政部再次要求全國尚未設立志館的縣，必須儘快設立文獻委員會，負責修志事宜。1958年，人民政府國務院決定成立中國地方志領導小組，落實實務工作。參氏著，《史林巨匠：章學誠與史著》（瀋陽：遼海出版社，1997），頁242。

㉓　章學誠，《文史通義·史釋》：「或問《周官》府史之史，與內史、外史、太史、小史、御史之史，有異義乎？⋯⋯然而無異義者，則皆守掌故，而以法存先王之道也。」〈言公上〉又說：「當時史臣載筆，亦皆聖人之徒也」

古代之知識分子，能知星曆、天文、貞卜、巫祝之事，掌邦國
畛域之典，即是史官，其職來源或爲君上所選，或世襲父職，
但似並無史料說明到底何種人，具備何種條件？始得出任爲史
官。有則自劉知幾始，劉知幾針對此事，首次系統地提出才、
學、識「三長說」，做爲對於史家才具的要求標準，史家必須
才、學、識三者之中或多或少地符合，才夠資格擔當史官，這
個看法不僅是劉知幾，也是後代學者拿來作爲評論史家高低的
準則之一，影響後世極大，有必要在此略詳論述。

　　「三長說」的提出，原不在《史通》的內外篇當中，而是
劉知幾在回答當時的禮部尚書鄭惟忠所問：「自古已來，文士
多而史才少，何也？」所說的，他的回答是：

> 「史才須三長，世無其人，故史才少也。三長謂才也，
> 學也，識也。夫有學而無才，亦猶有良田百頃，黃金滿
> 籯，而使愚者營生，終不能致於貨殖者矣。如有才而無
> 學，亦猶思兼匠名，巧若公輸，而家無梗柄斧斤。終不
> 果成其宮室者矣。猶須好是正直，善惡必書，使驕主賊
> 臣所以知懼，此則為虎傅翼，善無可知，所向無敵者矣。
> 脫苟非其才，不可叨居史任，自竂古已來，無應斯目者，
> 罕見其人。」時人以為知言。❷

---

❷　《舊唐書·劉子玄本傳》（台北：鼎文書局，1979），頁3172。又可
　　參《冊府元龜》（台北：台灣中華書局，1967），卷559。

這段話後爲《舊唐書》、《唐會要》、《新唐書》所收羅。因所言
關乎史學理論，故屢爲後世學者所援引發論。其中，對於「三
長」僅說明是才、學、識而已，至於其內涵是什麼？劉知幾本
人並「未加以解釋」❷，因而本文擬從兩方面來加以梳理並闡
說之：一方面從《史通》來尋求補充三長論的合理解釋；另方
面則就上文回答鄭惟忠的原文來尋繹。

　　上文劉知幾以比喻的手法，先說「有學而無才」來強調「才」
的重要，他說好比「有良田百頃，黃金滿籯，而使愚者營生，
終不能致於貨殖者矣」。良田百頃與黃金滿籯猶比有「學」，
「學」是本，但因無「才」，以致於只是個笨商人，而不能貨
殖營生賺大錢，所以史「才」甚要。《史通·覈才》有云：

> 夫史才之難，其難甚矣。《晉令》云：「國史之任，委
> 之著作，每著作郎初至，必撰名臣傳一人。」斯蓋察其
> 所由，苟非其才，則不可叨居史任。

顯然，這裡用「撰名臣傳一人」來考驗是否具備史家敘述才能
一長。故可知史才是指史家編纂能力及敘述文采之優劣。

　　其次，劉知幾以同樣手法，再論「有才無學」以強調「學」，
他的比喻是「思兼匠名，巧若公輸，而家無梗柟斧斤。終不果
成其宮室者矣」，是說有「才」若公輸班之巧，但「家無梗柟

<hr />

❷　梁啓超，《中國歷史研究法並補篇》（台北：台灣中華書局，1973，
　　台三版），頁13。

斧斤」之工具以喻其「學」，終究還是成就不了其屋室宮殿，有如撰成一部史著一般，可見「學」亦甚要。《史通·雜說下》有云：

> 觀世之學者，或耽玩一經，或專精一史。談《春秋》者，則不知宗周既隕，而人有六雄；論《史》、《漢》者，則不悟劉氏云亡，而地分三國。亦猶武陵隱士，滅迹桃源，當此晉年，猶謂暴秦之地也。假有學窮千載，書總五車，見良直而不覺其善，逢牴牾而不知其失，葛洪所謂藏書之箱篋，《五經》之主人。而夫子有云：雖多亦安用為？其斯之謂也。

此則提及「學」與「識」的關係，亦可用來說明其「學」。知幾文中善以喻說理，指明史家窮於一隅而蔽三隅，所見當有限，或徒具學問如「藏書之箱篋，五經之主人」，卻無「識」以辨良直善惡，故「學」雖多，亦安用爲？是知「學」當指史家豐富的知識，而「識」即是分辨眞僞的判斷力。劉知幾在此史學、史識並舉，針對此則又說：

> 子曰：「吾猶及史之闕文。」是知史文有闕，其來尚矣，自非博雅君子，何以補其遺逸者哉？蓋珍裘以眾腋成溫，廣廈以群材合構。自古探穴藏山之士，懷鉛握槧之客，何嘗不徵求異說，採摭群言，然後能成一家，傳諸不朽。觀夫丘明受經立傳，廣包諸國，蓋當時有《周志》、

《晉乘》、《鄭書》、《楚杌》等篇，遂乃聚而編之，混成一錄。向使專憑魯策，獨詢孔氏，何以能殫見洽聞，若斯之博也？……此並當代雅言，事無邪僻，故能取信一時，擅名千載。㉖

此謂史家收集史料宜廣，「徵求異說，採摭群言」必賴其「學」博。而所徵採者，又必皆「當代雅言，事無邪僻」，方能「取信一時，擅名千載」。因此，取材不能只為標新立異，街談巷議，道聽塗說，難免乖濫損實。雖或可採，但必須嚴格甄別，此時即需要「識」。《史通·雜述》也強調史家的鑑別能力，有云：

然則芻蕘之言，明王必擇；葑菲之體，詩人不棄。故學者有博聞舊事，多識其物，若不窺別錄，不討異書，專治周、孔之章句，直守遷、固之紀傳，亦何能自致於此乎？且夫子有云：「多聞，擇其善者而從之」「知之次也」，苟如是，則書有非聖，言多不經，學者博聞，蓋在擇之而已。㉗

「博聞舊事，多識其物」「窺別錄，討異書」都是「學」的功夫；「善擇」指鑑別史料真偽的能力，則是「識」的功夫。在前述劉知幾回答鄭惟忠的話當中，依照劉知幾開端所言「三長

㉖ 《史通釋評·採撰》，頁137。
㉗ 《史通釋評·雜述》，頁319。

謂才也，學也，識也」的邏輯順序來看，在強調「學」之後，接下「猶須好是正直，善惡必書，使驕主賊臣所以知懼，……自夐古已來，無應斯目者，罕見其人」正好緊扣著鄭惟忠提出「自古已來，文士多而史才少，何也？」的問題，此句應該即是劉知幾「史識」的正面敘述。**㉘**

結合《舊唐書》及《史通》中補述有關三長說的論點，大致可以知道劉知幾除有善惡必書的直書態度之外，尚要達到「使驕主賊臣所以知懼」，兩者俱體現了他一再傳達的「懲惡勸善」，垂訓鑑戒的思想。**㉙**要而言之，劉知幾在三長的才學識論當中，他認爲史識一論最重要，其論含有兩方面的涵意：㈠在於對史實的分析和評價，及鑑識歷史的觀點；㈡是反映歷史事實的原則和立場，即撰史的態度，此點構成了他的直筆論。綜述這兩方面，即能於直書撰史之餘，來達到「彰善癉惡」的目的，此

㉘　姜勝利，〈劉、章「史識」論及其相互關係〉，《史學史研究》1983：3，頁56。宋家復，《章學成的歷史構想與比較研究》（台北：台灣大學歷史所碩士論文，1993，未刊），亦主張：「與其將史德視爲對劉知幾史家三長的另一個添補，毋寧說它乃是章學誠思想系統中作爲斷定『史義』能力之史識的一個成雙並立蘊項（Correlative）來得恰當」，見頁62。但也有人不同意這種說法，認爲這段話講的是史家要忠於史職、堅持直書的精神，堅持直書可視爲史識的表現，但不足以代表史識的全部。參許凌雲，《劉知幾評傳》（南京：南京大學出版社，1994），頁295。

㉙　參鈴木啓造，〈《史通》の勸善懲惡論〉，《歷史における民眾と文化──酒井忠夫先生古稀祝賀記念論集──》（東京：國書刊行會，1962），頁237~251。

目的對「生人之急務，國家之要道」有相當的益處，他說過：

> 使後之學者，坐披囊篋，而神交萬古，不出戶庭，而窮
> 覽千載，見賢而思齊，見不賢而內自省。若乃《春秋》
> 成而逆子懼，南史至而賊臣書。其記書載言也則如彼，
> 其勸善懲惡也又如此，由斯而言，則史之為用，其利甚
> 博，乃生人之急務，為國家之要道，有國有家者，其可
> 缺之哉？⓾

又：

> 史之為務，申以勸誡，樹之風聲。其有賊臣逆子，淫君
> 亂主，苟直書其事，不掩其瑕，則穢迹彰於一朝，惡名
> 被於千載。㉛

這些都可見劉知幾寓史德於史識當中，尤其他以「生人之急務，
國家之要道」來形容，範圍極廣，目的極高，可以概知其意旨。
除此之外，《史通·曲筆》篇還可看到：

> 蓋史之為用也，記功司過，彰善癉惡，得失一朝，榮辱
> 千載。苟違斯法，豈曰能官？但古來唯聞以直筆見誅，
> 不聞以曲詞獲罪。是以隱侯《宋書》多妄，蕭武知而勿
> 尤；伯起《魏史》不平，齊宣覽而無譴。故令史臣得愛

⓾　《史通釋評·史官建置》，頁349~350。
㉛　《史通釋評·直書》，頁227。

> 憎由己，高下在心，進不憚於公憲，退無愧於私室，欲
> 求實錄，不亦難乎？嗚呼！此亦有國家者所宜懲革也。

歷史要有功用，必定有個前提，即所記之史事，必須是事實，
也就是實錄，則一切才有意義。否則「事不實，不足爲鑑」。
換言之，歷史的功用要受到「直書實錄」客觀求眞的制約。上
文劉知幾一貫地熔直筆撰史的史識與彰善癉惡的史德於一爐當
中，他還談到歷史的主體──史官，如果不能記功過、明鑑戒與
撰實錄，反致輕事塵點，曲筆僞錄，則「豈曰能官」❸？在《史
通·人物》篇，劉知幾明確指出史官的職責：「夫人之生也，
有賢不肖焉。若乃其惡可以誡世，其善可以示後，而死之日，
名無得而聞焉，是誰之過歟？蓋史官之責也」。史官一定要
「平」，也就是公平、平心，才能無愧，才能達到實錄。所以
彰顯史家的主體意識，撰述實錄史書，是史官的不二職責。文
中劉知幾深斥《魏書》穢史，《宋書》多妄，即是作者身爲史
官未盡史職之故。具體言之，由於魏收、沈約的史識史德有不
合於其所倡的三長論之條件，以致於對歷史客體──歷史本身來

---

❸ 程千帆，《史通箋記》（北京：中華書局，1980），頁139，引《呂氏
春秋·本生》注：「官，正也。」；《史記·孝文紀·索隱》：「官，
公也。」故姚松等，《史通全譯》（貴陽：貴州人民出版社，1997）
即引其師《箋記》之注，解爲「公正」。趙呂甫校注，《史通新校注》
（重慶：重慶出版社，1990），頁467，注72，則引《荀子·解蔽》：
「則萬物官矣」解爲「官，謹守職分」。筆者觀此句上下文意，所談
皆史官史臣曲筆之謬事，故前解雖能通，但以趙注較勝。

說影響極大，所記多有不實。劉知幾心目中的史官，其模範典型有如以下：

> 彰善貶惡，不避強禦，若晉之董狐，齊之南史，此其上也。編次勒成，鬱為不朽，若魯之丘明，漢之子長，此其次也。高才博學，名重一時，若周之史佚，楚之倚相，此其下也。❸❸

知幾將古代著名史家分為上中下三等，其所依據正是三長論，而最上等的，則必須具備「彰善貶惡，不避強禦」的道德品質，才能落筆眞實。

　　敍論至此，可知劉知幾的才學識三長論，是古來史官所應具備的條件，其中以史識一長最要，亦最難，具此一長，足爲良史；至於兼三，更爲難尋，或僅南、董、史遷足以當之而已❸❹。雖然《舊唐書》的資料不夠全備，但從《史通》各篇補緝相關的言論，略可對劉知幾史才三長論有一較爲完整的印象。劉知幾此論一出，後世竟倚之爲評判史家的標準之一，形成一優良傳統，則恐怕是他當初回答禮部尙書的質疑時，所始料未

---

❸❸　《史通釋評・辨職》，頁326。

❸❹　除《史通・辨職》所分三等之史家，皆爲劉知幾心目中之良史外，筆者近撰，〈劉知幾「辨其指歸，殫其體統」與司馬遷「究天人之際，通古今之變，成一家之言」之關係與比較試論〉，《興大歷史學報》第十三期（2002、6），第三節「載筆：歷史方法論的角度」嘗試申論司馬遷符合劉知幾上評唐代以前史家史著所得之才學識三長論，堪爲良史，足爲法式。

及的。其後，元代的揭傒斯（1274-1344）提倡修史應該起用有學問文章知史事，且心術良正之人❸，正說明是受劉知幾的影響。明代胡應麟（1551－1602）則以爲劉知幾的三長說，仍然有所不足，他說：「劉知幾以馬、班爲善善，南董爲惡惡，細矣。才學識三長足盡史乎？未也，有公心焉，直筆焉」。❸

　　胡應麟的「公心」「直筆」與揭傒斯的「心術良正」都是強調「史德」的另說，他們似乎未明白劉知幾三長論中的「史識」一論已包含「史德」，以致於另外強調「史德」；當然劉知幾始終未另立「史德」，也是導致後人成論的一項因素。但三長說引起後人重視，則是確鑿不移之事。至清代章學誠，便以「史德」爲題，正式以專文單篇的形態發論，因它是三長論發展過程中的一篇重要文獻，因而在此不憚其煩地引述該文的重要言論：

> 才、學、識三者，得一不易，而兼三尤難，千古多文人而少良史，職是故也。昔者劉氏子玄，蓋以是說謂足盡其理矣。雖然，史所貴者義也，而所具者事也，所憑者文也。孟子曰：「其事則齊桓、晉文，其文則史，義則夫子自謂竊取之矣。」非識無以斷其義，非才無以善其文，非學無以練其事，三者固各有所近也，其中固有似

---

❸　《元史・揭傒斯傳》（台北：鼎文書局，1990），卷181，頁4186。

❸　胡應麟，《少室山房筆叢》（台北：台灣商務印書館，景印文淵閣四庫全書第886冊，1983重刊），卷五，〈史書佔畢一〉，頁220。

之而非者。記誦以爲學也，辭采以爲才也，擊斷以爲識也，非良史之才、學、識也。雖劉氏之所謂才、學、識，猶未足以盡其理也。夫劉氏以謂有學無識，如愚估操金，不解貿化。推此説以證劉氏之指，不過欲於記誦之間，知所決擇，以成文理耳。故曰：「古人史取成家，退處士而進奸雄，排死節而飾主闕，亦曰一家之道然也。」此猶文士之識，非史識也。能具史識者，必知史德。德者何？謂著書者之心術也。夫穢史者所以自穢，謗書者所以自謗，素行爲人所羞，文辭何足取重。魏收之矯誣，沈約之陰惡，讀其書者，先不信其人，其患未至於甚也。所患夫心術者，謂其有君子之心，而所養未底於粹也。夫有君子之心，而所養未粹，大賢以下，所不能免也。此而猶患於心術，自非夫子之《春秋》不足當也。以此責人，不亦難乎？是亦不然也。蓋欲爲良史者，當慎辨於天人之際，盡其天而不益以人也。盡其天而不益以人，雖未能至，苟允知之，亦足以稱著書者之心術矣。而文史之儒，競言才、學、識，而不知辨心術以議史德，烏乎可哉？❸

在這一大段文字當中，有幾點應加以説明的：

一、劉知幾的三長論，章學誠認同之，並認爲要具備其中

---

❸ 章學誠，葉瑛校注，《文史通義·史德》（北京：中華書局，1983），頁219~220。

的二長或一長，已是十分不容易，而「兼三尤難」。這是實情，劉知幾不肯以三長輕許前人，章學誠亦吝於以此褒人，可知古來良史極少。

　　二、史家之識與文士之識不同，後者僅需「於記誦之間知所決擇」，章學誠此見固然正確，但卻是由誤會劉知幾的史識而來，上文所引「愚估操金，不解貿化」原從《舊唐書》得來，是用以說明「有學無才」的，但章學誠卻用來說明「有學無識」，因而錯誤地推斷出劉知幾所謂的「識」是「欲於記誦之間知所決擇，以成文理」。其實這並非劉知幾所指史識的涵意。章學誠為了說明其史識論與知幾有所區別而大加強調史識當以史德為重要內容，這點卻正與劉論宗旨無二。所以姜勝利指出章氏意在糾正和補充劉氏史識論，實際上正是對劉氏史識論的繼承和發展。姜文指出劉、章兩人史識論的相互關係，是其文的一大優點，可謂見解精闢❸，因而從整篇《史德》的內容來看，章學誠在三長論的認識上還是有所發展的。

　　三、從前文已知劉知幾當初提出三長說時，對才、學、識三者的內涵外延之界定本身就不十分清楚，故引致後世不少爭議，因而上文亦嘗試加以耙梳整理，使之成為系統明確的史論。章學誠則在〈史德〉篇中指出：「記誦以為學也，辭采以為才也，擊斷以為識也。」予才、學、識一簡單明瞭的概括，不再是模糊不清的概念。並從此論述三者之間的關係，他以為三者

---

❸　姜勝利，〈劉、章「史識論」及其相互關係〉，頁59。

關係密切而缺一不可，但以「識」最爲重要，處於主導地位，而「才」與「學」則處於附屬地位。在《文史通義・說林》章學誠曾形象地比喻說：「文辭，猶舟車也；志識，其乘者也。輪欲其固，帆欲其捷，凡用舟車，莫不然也。東西南北，存乎其乘者矣。」，「才」「學」只是交通工具的舟車，「識」才是駕乘者，主導整個學問的方面。同篇他又說：「學問文章，聰明才辨，不足以持世；所以持世者，存乎識也。」至於「記誦者，學問之舟車也。人有所適，必資舟車，至其地，則捨舟車矣」，都說明了才、學、識三者的關係並強調「識」的重要。其論說、界定、比喻都與劉知幾不同，但神旨是一致的，尤其章學誠把三長論與孔子的作史之道「事」「文」「義」作一結合，並展衍其說，曰：「義理存乎識，辭章存乎才，徵實存乎學」❸；又：「夫事即後世考據學之所尙也，文即詞章家之所重也，然夫子所取，不在此而在彼，則史家著述之道，豈可不求義意所歸乎？」❹，由此可知章學誠深化了三長論，其說大致可以寫成「才／文／辭章」、「學／事／考據」、「識／義／義理」這樣一個簡明的系統，便於瞭解，畢竟才、學、識是對史家之修養，史家之素質的一種要求，而事、文、義一體化則是對史學作品的具體要求，兩則關係極深。近人張其昀則製作一表：

---

❸　《文史通義・說林》，頁122。
❹　《文史通義・申鄭》，頁137。

孔子	劉知幾	章學誠	張其昀	西洋史家
事	學	考據（骨）	史之考證	Analytical Operations
義	識	義理（精神）	史之義例	Synthetical Operations
文	才	辭章（膚）	史之述作	Expositions

更能簡要地掌握三長說❹，由此系統又可知道：㈠、章學誠之
三長論乃承襲劉知幾的三長論而來，其痕跡是很明顯且清楚
的，但更具體完整且宏大。他曾作解釋說：「由吾人之所具言
之，則才、學、識也。……考訂主於學，辭章主於才，義理主
於識，人當自辨其所長矣。記性積而成學，作性擴而成才，悟
性達而為識」❷，他結合事、文、義之後，考訂即史事，辭章
即史文，義理即史義。才學識與事文義二者之間的關係是相互
對應的，即史家具備史識之素質者必長於史義，具史學者必長
於史事，具史才者必長於史文，明乎此，則章學誠與劉知幾都
重視三長且有其沿襲承續是自然不過，毫無奇怪之事。

㈡、章學誠在才、學、識當中特別重視「識」，一如在事，
文、義中特別重視「義」一樣。他曾說：「譬之人身，事者其

---

❹ 張其昀，〈劉知幾與章實齋之史學〉，收於杜維運等編，《中國史學
史論文選集》(台北：華世出版社，1979) 第二冊，頁777。唯其中Analytical
Operation 屬西方分析哲學中的一環，基本上是認識論和知識論的領
域，或與考據無關。

❷ 《文史通義·答沈楓墀論學》，頁337。

骨，文者其膚，義者其精神也，斷之以義而書始成」❹，「學
之貴於考徵者，將以明其義理爾」❹都是明證。身爲史家，兼
具才、學、識三方面的素質，是最理想的標準，三者亦須相輔
相成，廢一不可，但劉知幾已言：「自敻古已來，能應斯目者，
罕見其人」❹，章學誠也說：「主義理者拙於辭章，能文辭者
疏於徵實，三者交譏而未有已也。義理存乎識，辭章存乎才，
徵實存乎學，劉子玄所以有三長難兼之論也」❹，子玄、實齋
之論評，誠有其至理，揆之今世，其理恆通。故若能具其中一
長，即甚爲難能可貴了，尤其史識。既然一般史家三長難兼，
總有不足，則又當如何？學誠以爲應該虛心學習，取長補短，
切不可出於門戶之見而文過飾非，更不能以己之長攻人之短。

　　(三)、由前述章氏所擴充的三長系統中的對應關係來言，章
學誠並未將「史德」另立一說以成其所謂的「四長論」。他在
〈史德〉篇有云：「能具史識者，必知史德。」這點隱然受到
劉知幾的影響可知。除了〈史德〉篇外，〈雜說〉、〈說林〉、
〈申鄭〉等篇中，每提到史家條件時、都只稱才、學、識而已，
不曾言及「史德」，即使後於〈史德〉篇撰著甚久的〈文德〉
篇，仍然只稱三長，可以知道章學誠本無意多加一長，因而可
知歷來梁任公、吳天任、許冠三、許凌雲諸學者所指稱的章學

❹　《文史通義·方志立三書議》，頁391。
❹　《文史通義·說林》，頁122。
❹　同前註❷。
❹　《文史通義·說林》，頁122。

誠有四長說，其實是未必正確的。❼但平心論之，以史識之中
隱含史德，與「識」、「德」並列，多加一長相較，當然後者
較為明顯，況且章學誠另立專篇抒論史德，內容拓展甚多，確
有另成一長的架勢，也是有目共睹的。筆者以為嚴格而論，章
學誠並未有四長新見，但在談及或運用史才四長論時，只要能
明瞭確切之背景，應該是可以不必計較的。倒是從這裡可以再
次強調章學誠繼承並發揚了劉知幾的史官條件說，形成史學史
上的一個優良傳統，後世學者多持此說以論評古今史材，兼以
權衡自己。

　　雖謂章氏無意多加一長，但是在他論述〈史德〉之後，加
之任公等人的提倡與使用，使得才、學、識、德看起來也頗似
一新的組合。此處則專看其「德」是否有新意？「德者何？謂

---

❼　梁啓超，《中國歷史研究法》，補篇，第二章〈史家的四長〉云：「劉
　　子元說史家應有三長，即史才、史學、史識。章學誠添上一個史德，
　　並為四長。實齋此種補充甚是。要想做一個史家，必須具備此四種資
　　格」見頁13，吳天任，《章實齋的史學》，頁22。食修良，〈史德史
　　識辨〉，《中華文史論叢》1979年第3輯，頁95~98。許凌雲，《讀史
　　入門》修訂本（北京出版社，1989），頁319。至於姜勝利的觀點則參
　　前引文，頁57~58。王明妮在其碩士論文《史通修史觀述評》（台北：
　　輔大中文所，1982，未刊）第二章〈論史通修史的基本修養—史德〉，
　　直接標出劉知幾的史德說以含蓋史識，似乎忽略歷史時間與人物兩種
　　因素的考慮，可參拙文，〈近三年來有關劉知幾的研究成果評介〉，
　　《史學評論》第十二期（1986，9），頁220~221。而彭雅玲，《史通
　　的歷史敘述理論》（台北：政治大學中文所碩士論文，1990），頁187，
　　亦採姜文觀點。

著書者之心術也」，他指的是史家著史時應秉持的公正心態之謂。章學誠以爲舊史多有曲筆迴護、不據事直書之例，前人多所揭露和批評，其書也就不可能造成大害。有如他所舉例的：

> 夫穢史者所以自穢，謗書者所以自謗，素行為人所羞，文辭何足取重！魏收之矯誣，沈約之陰惡，談其書者，先不信其人，其患未至於甚也。❹

反而可怕的是所謂的「所患夫心術者，謂其有君子之心而所養未底於粹也。」也就是那些自以爲持有公心，但學養火候還不到家的人。章學誠認爲學養不底於粹確會影響到史德。他另句話說得很好：

> 陰陽伏沴之患，乘於血氣而入於心知，其中默運潛移，似公而實逞於私，似天而實蔽於人，發為文辭，至於害義而違道，其人猶不自知也。故曰心術不可不慎也。❹

這種「猶不自知」的情況下，寫出來的史事，比起有意曲筆迴護、不據實而書危害是更大的，因爲世人讀其書反而認爲合情入理，難於發現內部的不實之處。所以，章學誠最後提出一個高標準的看法：

> 蓋欲為良史者，當慎辨於天人之際，盡其天而不益以人

---

❹ 《文史通義·史德》，頁147。
❹ 《文史通義·史德》，頁148～149。

> 也。盡其天而不益以人，雖未能至，苟允知之，亦足以
> 稱著書者之心術矣。而文史之儒，競言才學識而不知辨
> 心術，以議史德，烏乎可哉！❺⓪

至此，可以發現章學誠論「史德」「史識」，已跟劉知幾大有
不同。此處應先了解「慎辨於天人之際」。由前述已知章學誠
本亦以爲史德寓於史識之中，而「識」是用以「斷義」的，亦
即「非識無以斷其義」。他又說：「史之義出於天」，以今語
釋之，即「史義」是存在於客觀史實當中，這是史識史德所要
達到的目標。但如何將客觀史事眞實地反映在人之主觀當中
呢？此則需要處理「天」與「人」之間的關係，故「盡其天而
不益以人」即是處理好這種關係的重要原則。這句話是什麼意
思？茲借錢穆先生的話來解釋它：「拿現在話講：只是要客觀
地把事實眞相寫出，這即是『天』了，但不要把自己人的方面
加進去，這事極不容易」。❺①這是章學誠史德論的核心，素爲
學界所推重❺②，即因此事不容易，故須具有三長論者始能達之。
此即所謂的辨心術的史德觀。簡單言之，其邏輯關係即史識用

---

❺⓪　《文史通義·史德》，頁147~148。

❺①　錢穆，《中國史學名著》（台北：三民書局，1973）第二冊，頁329。
　　　又可參甲凱，〈史法與史意〉，《輔大人文學報》第六期（1977，6），
　　　頁14。

❺②　施丁認爲：「當慎辨於天人之際，盡其天而不益以人」這個看法，在
　　　古代史學上是一個新的光輝思想，比劉知幾的「直書」論前進了一大
　　　步。見氏著，〈章學誠的史學思想〉，《史學史研究》1981：3，頁61。

以斷義，史識包含（含「等於」之意）史德。故「辨心術」即是「斷義」不可缺少的一項基本前提和態度。在論證之間，正是學誠深化或展衍知幾的史德說。兩者相較之下，知幾的史德說似單純許多，他未提及天人之際。至於著書者之心術如何影響其所撰述之史？〈史德〉篇又說：

> 史之義出於天，而史之文不能不藉人力以成之；人有陰陽之患，而史文即忤於大道之公，其所感召者微也。……史之賴於文也，猶衣之需乎采，食之需乎味也。采之不能無華樸，味之不能無濃淡，勢也；華樸爭而不能無邪色，濃淡爭而不能無奇味；邪色害目，奇味爽口，起於華樸濃淡之爭也。文辭有工拙，而族史方且以是為競焉，是舍本而逐末矣。以此為文，未有見其至者；以此為史，豈可與聞古人之大體乎！

撰史的義例是客觀存在的，而撰述的過程中必然要通過主觀的抉擇，此時「著書者的心術」即是關鍵，能否符合「大道之公」既是問題，也是目標。學誠也認識到史家在認識或撰寫歷史時不可能不會遇到一些主客觀的矛盾，按照他的話即「天與人參」的現象，那就要設法解決天人一致的問題，為此，他反對「違理以自用」「汨情以自恣」等主觀偏激行為，而強調態度平正，「氣合於理」「情本於性」❸，從而力求「盡其天而不益於人」，

---

❸　《文史通義·史德》，頁148。

就可達到天人一致的公正大道了。

由以上的論述可知,唐代劉知幾在提出史官條件論時,首揭才、學、識三長論,但其相關的界定在涵量上仍然不充足,雖歷經元代揭傒斯、明代胡應麟的補充說明,但一直要到清代的章學誠繼承、認同了三長論,並且進一步闡發了三者之間的關係,尤其是強調史識的重要作用,增補史德的內容,才使其三長論推宕至廣至高,同時也構成章學誠史論的重大建樹,此誠中國史學之光。

劉知幾生於唐代,入史館為正式之史官,並對官修史書制度之弊害已有一定的認識和批評,他特別感受到史官是要有一定的素質才能勝任,因而提出三長說。章學誠生於清代,後於劉氏已千餘年,對此期間之史學流弊,不但十分清楚,且身受其害,因而針對性地提出注重史識與史義的史學理論,雖謂其入手實有誤會劉知幾三長論之處,但終究是大大地發皇其說,提高了整個史學批評理論的水平。章學誠之後,雖有梁任公、許倬雲等學者不斷補充、注入新解❺,但筆者以為仍未邁出學誠宏論的範疇之外,而居於其上,實則劉知幾倡三長論以來,其中還是以章學誠的發明最多,尤其將三長說之中的史識史德

---

❺ 梁任公以為章學誠的史德說,只講史家心述,尚不夠圓滿,因而補充了「忠實」一項德目。其說見氏者,前揭《中國歷史研究附補篇》,頁14~16。許倬雲則有〈說史德〉,《求古篇》(台北:聯經出版事業公司,1982)頁587~590。提出「勇敢」、「冷靜」、「誠實」三者即學誠的「慎心術」說。

史義的關係，闡發無遺，而窮於天人之際，蓋爲三長說之極致也。

第三節　文士修史評：銓綜陶鑄兼談史文

　　針對文士可不可以修史一事，劉知幾與章學誠都曾提出尖銳的批評，表達嚴重不贊同的態度，並因而進一步申論自己的看法，形成其史學理論的重要部分之一。本節延續上節三長論所敘，繼續針對此事加以探討。

　　劉知幾回答當時禮部尙書鄭惟忠的問話：「自古已來，文士多而史才少，何也？」只就三長立論，並未直接就文士爲何不適合修史來作答，因此這點仍有加以補充說明的必要。但可悉至少鄭惟忠與劉知幾都認爲「文士多史才少」是自古以來就已存在的現象，迄於唐代當時仍未改變或改善。這個現象，甚至是導致劉知幾要上書「五不可」，從官方史館辭職，退而私撰《史通》的直接因素。劉知幾在《史通·自敘》篇自陳爲何撰述《史通》時，是說：

　　　　若《史通》之爲書也，蓋傷當時載筆之士，其義不純。思欲辨其指歸，殫其體統。夫其書雖以史爲主，而餘波所及，上窮王道，下揆人倫，總括萬殊，包吞千有。

劉氏自承《史通》之撰寫大抵因其有感於當時編寫史書的「載

筆之士」，大多是文士而非史家，對史書編撰的原則掌握得不
夠純篤，所以想要辨清其目的宗旨，窮盡其體裁綱統。是當時
這些載筆之士觸發他萌生退意，自撰一書以「上窮王道，下掞
人倫，總括萬殊，包吞千有」的。這一遠大的抱負實肇始於當
時載筆之士的刺激而來，因而不可不於此一論。

　　載筆之士可以是文人，也可以是史士，但不管是文人或史
士，劉知幾在這裡所談的是撰史，是寫歷史文章，不是一般詩
詞歌賦一類的所謂詞章之文。兩者之間最大的區別，是詞章之
文著重情感、創造、幻想，神思可以無限馳騁發揮，但歷史文
章則必須以史料為根據，僅能有限創造。以前述所談的「事、
文、義」來言，修撰歷史，不僅要直書史事，義理昭然，亦要
求工於文筆，反映史實。劉知幾在《史通》的各個篇章如〈載
文〉、〈覈才〉、〈敘事〉、〈浮詞〉、〈摸擬〉、〈煩省〉、
〈雜說下〉……都透過歷史上不同時期的不同文風，而歸結出
遠古先秦之時，文史一揆，不分文學與史學；中古的兩漢時期
文體略變，已是「樹理者多以詭妄為本，飾辭者務以淫麗為宗」，
故司馬相如、揚雄、班固、馬融等大家的作品「喻過其體，詞
沒其義，繁華而失實，流宕而忘返，無裨勸獎，有長奸詐」❺，
到近古的魏晉，則「訛謬雷同，妄飾蕪累」，文風仰尚柔靡浮
艷，華美綺麗，較前尤甚，劉知幾曾舉述：

----

❺　《史通釋評·載文》，頁147~148。拙著〈劉知幾的時間觀念及
　　其歷史撰述論〉，《大陸雜誌》75：1（1987.7），頁31，上述
　　各篇都有論及文體文風之轉變。

歷觀古之作者，若蔡邕、劉峻、徐陵、劉炫之徒，各自
謂長於著書，達於史體，然觀侏儒一節，而他事可知。
案伯喈於朔方上書，謂宜廣班氏〈天文志〉。夫〈天文〉
之於《漢史》，實附贅之尤甚者也。必欲申以掎摭，但
當鋤而去之，安可仍其過失，而益其蕪累？亦奚異觀河
傾之患，而不遏以隄防，方欲疏而導之，用速懷襄之害。
述史如此，將非練達者歟？孝標持論談理，誠為絕倫。
而〈自敘〉一篇，過為煩碎；〈山栖〉一志，直論文章。
諒難以偶迹遷、固，比肩陳、范者也。孝穆在齊，有志
梁史，及還江左，書竟不成。嗟乎！以徐公文體，而施
諸史傳，亦猶灞上兒戲，異乎真將軍，幸而量力不為，
可謂自卜者審矣。光伯以洪儒碩學，而迍邅不遇。觀其
銳情自敘，欲以垂示將來，而言皆淺俗，理無要害。豈
所謂「誦《詩》三百，雖多，亦奚以為」者乎！❺❻

他舉出蔡邕、劉峻、徐陵、劉炫等文章名家，不知剪裁蕪累，
鋤去附贅，結果使其史述「言皆淺俗，理無要害」不足垂示將
來。這裡已指出文士的敘述能力如前舉諸家之善者，若不能達
於史體，知所剪裁，則仍不能勝任史職。然知所剪裁，實即史
識的運用。知幾更進一步加以闡明：

但自世重文藻，詞宗麗淫，於是沮誦失路，靈均當軸。
每西省虛職，東觀佇才，凡所拜授，必推文士。遂使握

---

❺❻　《史通釋評·覈才》，頁289~290。

> 管懷鉛，多無銓綜之識；連章累牘，罕逢微婉之言。而
> 舉俗共以為能，當時莫之敢侮。假令其間有術同彪、嶠，
> 才若班、荀，懷獨見之明，負不刊之業，而皆取窘於流
> 俗，見嗤於朋黨。遂乃哺糟歠醨，俯同妄作，披褐懷玉，
> 無由自陳。此管仲所謂「用君子而以小人參之，害霸之
> 道」者也。**㊸**

原來在撰述技巧方面文士儘管多能，但在識見方面卻無「銓綜
之識」，因而無法掌握修史要領，變成「連章累牘，罕逢微婉
之言」。所以可知撰述要練達得宜，切合史實，仍須賴銓綜之
識，惟文士鮮能臻此。劉知幾對這段時期的史著，即嚴厲糾出
「虛設」、「厚顏」、「自戾」、「假手」、「一概」等五失
㊹，而謂爲不可取。再下推至其當代，則云：

> 大唐修《晉書》，作者皆當代詞人，遠棄史、班，近宗
> 徐、庾。夫以飾彼輕薄之句，而編為史籍之文，無異加
> 粉黛於壯夫，服綺紈於高士者矣。**㊺**

又

> 史之為務，必藉於文，……而今之所作，有異於是。其
> 立言也，或虛加練飾，輕事雕彩，或體兼賦頌，詞類俳

㊸　《史通釋評·覈才》，頁290~291。
㊹　《史通釋評·載文》，頁148。
㊺　《史通釋評·論讚》，頁100。

優，文非文，史非史，譬夫烏孫造室，雜以漢儀，而刻
鵠不成，反類於鶩者也。**❻⓿**

已是非常反對文士修史了。劉知幾對於魏晉隋唐以來，才藝之
士多舞文弄墨「溺於文辭以爲觀美之具焉」，而不顧史事的正
確與否，跟古時《左》、《國》、《史》、《漢》都符合「良
史莫不工文」爲一代文宗而大不相同，故不宜爲史。當然，劉
知幾對這些「私徇筆端，苟衒文彩，嘉辭美句，寄諸簡冊」的
文士，認爲他們「豈知史書之大體，載削之指歸？」**❻❶**，這個
「大體」與「指歸」，豈是哪些「元瑜、孔璋之才，而處丘明、
子長之任」**❻❷**的文士所可深解的？知幾也認爲「文之與史，何
相亂之甚乎？」**❻❸**劉知幾在〈載文〉、〈覈才〉、〈論贊〉、
〈雜說〉諸篇，一直主張史學應脫離文學獨立，反對選用文士
修史，在知幾當時，可謂先進的見解。

　　綜上所言，原來劉知幾反對文人修史最大的理由即在於文
士多無「銓綜之識」，這是他針對此事「事評」的重點所在。
銓綜之識是一份史事綜合的能力，不是私矜一家機巧，文筆亂
加點竄，再外敷飾彩即可勝任的，非莫有史才、史識不能成文。
這就是劉知幾所說的「其義不純」的背後最大的理由。至於要

---

❻⓿　《史通釋評・敘事》，頁211。

❻❶　《史通釋評・論贊》，頁99~100。

❻❷　《史通釋評・雜說下》，頁637。

❻❸　《史通釋評・雜說下》，頁637。

怎麼寫，才能義例純篤呢？且置於後面再述。茲處先述章學誠關於文士修史的論評。

　　基本上，章學誠與劉知幾一樣都認為撰史都必須憑藉以文，也就是「史所載者事也，事必藉文而傳，故良史莫不工文」。❻❹這裡的「文」當然是指作史之文，非詞章之文。一如前言，詞章之文可以無限創造；史家之文，則必是有限創造，因此他又說：

> 文士撰文，惟恐不自己出；史家之文，惟恐出之於己，其大本先不同矣。史體述而不造，史文而出於己，是為言之無徵，無徵且不信於後也。❻❺

然則史家著史因必有依據，從事寫作是否會比文士作文來得容易呢？章學誠在〈與陳觀民工部論史學〉一文當中❻❻，把文人之文與史家之文做了詳盡的比較，卻結論出史家之文雖必有所本，但比文人之文更為難作。主要原因即在於史文忌出於己，作者必須先搜羅咨訪，占有史料，整理歸納，抉擇去取，最後再「陶鑄群言」，章氏有言：「余嘗論史筆與文士異趣，文士務去陳言；而史筆點竄塗改，全貴陶鑄群言，不可私矜一家機巧也。」❻❼在《文史通義・答問》也說：

---

❻❹　《文史通義・史德》，頁148。
❻❺　《文史通義・與陳觀民工部論史學》，頁514~515。
❻❻　同註❻❺。
❻❼　《文史通義・跋湖北通志檢存稿》，頁159。

> 文人之文與著述之文，不可同日語也。著述必有立於文
> 辭之先者，假文辭以達之而已……故以文人之見解而議
> 著述之文辭，如以錦工玉工議廟堂之禮典也。

可見章學誠以爲文士之文大多溺於文辭，違背史實，故不宜爲
史，如果溺於文辭，「以此爲文，未有見其至者；以此爲史，
豈可與聞古人之大體乎？」❻，又：「立言之要，在於有物。
古人著爲文章，皆本於中之所見，初非好爲炳炳烺烺，如錦工
繡女之矜誇采色已也」。❻因此他列舉一代文豪韓愈（768－
824）、歐陽修（1007－1072）爲例說明：

> 韓氏道德文章，不愧泰山北斗，特於史學，非其所長，
> 作唐一經之言，非所任耳，其文出於孟荀，淵源《詩》、
> 《禮》，真《六經》之羽翼，學者自當楷範。但史家淵
> 源，必自《春秋》，比事屬辭之教，韓子所不能也。後
> 如歐陽永叔，亦不愧爲千古宗師，第其生平見解，不能
> 出韓氏範圍，《唐書》與《五代史》，非不竭盡心力，
> 而終不可與語史家之精微也。❼

兩人皆文士，長於爲文，但於史文，則非所長，他認爲韓、歐

---

❻　《文史通義·史德》，頁149。
❻　《文史通義·文理》，頁63。
❼　《章學誠遺書》（北京：文物出版社，1985）外編，〈丙辰劄記〉，
　　頁389。

兩公於史識、史學均非所長，故其所著之史自亦不佳。他說：

> 《五代史記》，余所取者二三策耳，其餘一切別裁獨斷，
> 皆嗚乎發嘆之類也。而耳食者推許過甚，蓋史學之失傳
> 已久，而真知者鮮也。**⓻**

他對歐陽修之《五代史·贊》必用「嗚呼」二字最為反感，批評最烈，謂之「最為惡劣」，認為豈有撰寫歷史用誄祭文辭之例？「豈有預定凡例，憑空懸一太息唏噓，以待事理之湊合哉？」**⓽**，所以他的結論是：「辭章之士，不可與論經史專門之學久矣，歐固不得稱作史材。……八家文章，實千年來所宗範，而一涉史事，其言便如夏畦人談木天清秘，令人絕倒，至於如是，人才之有區別，良有以也」。**⓾**

　　韓、歐兩例最足以說明章學誠反對文士修史了，其理由即在史筆貴乎陶鑄成文，文士難以做到，這點與劉知幾反對的理由在於文士乏銓綜之識，兩者相較，其間無甚差別，因為欲「陶鑄成文」，設無「銓綜之識」，焉可得之！吾人由古之馬、班史文，以漢朝前史而論，雖都有所本，但各能陶鑄銓綜，故仍

⓻　同註⓾。

⓽　同註⓾。

⓾　《章學誠遺書·信摭》（外編一），頁373中。此篇尚有論歐陽修者，如「五代史只是一部弔祭哀挽文集，如何可稱史才也？而韓流乃謂《五代史》與《史記》有微意，不知《五代史》之微意，正是村學究之《春秋》講義，其文筆亦《史記》課蒙之選本也。豈可為所愚邪？」，見頁370中。

有各人面目❼，皆能輝映亙古而不可相替，即知斯理。

　　章學誠提出文人不應修史的理由，除前舉文士必尚詞采，妨害史義之外，倒有一點與劉知幾很大不同的，即是他從撰修方志的實際經驗中，也體會到地方上參與修志之人，文士太多而史臣太少。且舉乾隆五十七（1792）年，他應畢沅之聘，開始纂修《湖北通志》一事來言，此次規模比起他之前修過的《天門縣志》、《和州志》、《永清志》、《亳州志》等府州縣級的方志，當然較大，因為省的幅圓遼闊。至甲寅年（1794）二月左右，《通志》脫稿，全書分四部分：通志74篇、掌故66篇、文徵8集、叢談4卷。這樣的體例，是貫徹他1792年寫就的〈方志立三書議〉一文所提倡的理論，是文被視為他的方志學理論的代表作，其要旨在方志應立志、掌故與文徵三書。「志」是方志的主體，是體現作者的別識心裁，作為成其一家之言的著述；「掌故」相當於典志，彙編當地的典章制度、檔案簿籍；「文徵」相當於文選，分類彙輯當地詩文、文獻。文徵與掌故，輔「志」而行，目的在證史，也就是「互相資證，無空言」。這「三書」的主張，都在同年所修的《湖北通志》落實，但編修此《通志》時，他又於三書之外，對「附稗野說部之流，以備徵材之所餘」而另作「叢談」，但不以「叢談」而合稱四書，這是他的一項創獲；另者是他提出「傳有記人記事之別」，故

---

❼　吳天任，《章學齋的史學》（台北：台灣商務印書館，1979），頁183。

在《湖北通志》之中，開始編撰記事性的列傳⑰，這是因爲《湖北通志》需記載的人物極多，若逐人記載，必致文繁事晦，頭緒不清，故學誠改以共同歷史事件相關聯者，適合以事名篇，寫成合傳，如〈嘉定蘄難傳〉〈明季寇難傳〉等則是，這是學誠根據方志內容之需要而創用的。梁啓超在《中國歷史研究法補篇》即讚揚鄂志此種以事爲中心的合傳，以爲「此種體裁可以應用到一時代的歷史上，亦可應用到全國歷史上去」，由此可見章學誠的修志創見，雖只是「史之一隅」，但可「推微而知著，會偏而得全」，由修志的過程中發展了史學方法論。

　　然而，章學誠的遠見卓識與良苦用心，一般人未必能深入了解，在《湖北通志》書成之後，而論者詆諆，其中尤以嘉興人陳熷攻擊最屬，致畢沅令學誠撰文答辯，於是學誠懷著激憤的心情，寫下萬餘言的〈駁議〉，對陳熷的發難，一一予以回斥，此即現存於《章學誠遺書》中的〈湖北通志辨例〉一文。經此事之後，學誠了解志屬信史，文士雖善囑文，但卻不懂史法，更不知史意，所以在〈與陳觀民工部論史學〉中他說：「今著〈辨例〉一卷，特存大略，取明義例而已，此輩所爲，可駭可傷，可笑又可憐者，固不勝舉也」。由此可見他在纂修《湖北通志》的過程中，對文人修志所產生的種種弊端，體會至深。學誠終於了解，只有一部三書四體的方志理論是不夠的，還必須對參與修志的人，在素質方面要有一定的要求，所以後來他

---

⑰　章學誠，《方志略例・湖北通志凡例》，頁520~526。

得出「文人不可與修志」的結論。❼

　　另外，一般文人都不懂得注重「令史案牘」，也是重要的
原因之一❼，在〈州縣請立志科議〉中，章學誠曾說：

> 令史案牘，文學之儒不屑道也；而經綸政教，未有舍是
> 而別出者也。後世專以史事責之於文學，而官司掌故，
> 不為史氏備其法制焉。斯則三代以後離質言文，史事所
> 以難言也。

史學不能獨立，則無進步可言，故文人不應修史。這是學誠從
事修志三十年的獨造心得，值得提出一述。不過，從歷史的角
度觀察，與劉氏倡文士不宜修史，文史宜加分途一樣，其修志
所得提出文士忽略令史案牘，都各有其背景，因而兩氏雖同主
文士應擯除在修史之外，但其倡議，不盡相同；套章氏常用之
語，是亦其理勢變通使然也。

　　如上所述，則可更進一步探討劉、章二氏對歷史文筆的要
求是什麼？章學誠說：

> 夫史為記事之書，事萬變而不齊；史文屈曲而適如其事，
> 則必因事命篇，不為常例所拘，而後能起訖自如，無一

---

❼　章學誠在《方志略例·書姑蘇志後》更明言：「文人不可與修志也」，
　　頁547。其意當然可以擴充為文人不可與修史也。

❼　甲凱，《史學通論》（台北：台灣學生書局，1985），頁483。

　　言之或遺而或溢也。**❼❽**

史書是記史事的，史事變化無窮，歷史文筆就必須要按照史事
之變化而變化，適當地反映其事。以史事為準，不被人為的常
例所拘，即能運用自如，做到「史文屈曲而適如其事」，恰如
其分。他在〈與喬遷安明府論初學課業三簡〉一文中又說：

> 蓋古人著書無例，隨所觸而著例，故窮始變，變始通，
> 而通可久也。近人作書，先定凡例，而書中變化，決非
> 凡例之所能盡，而其初為例所拘，已成篇帙，中遇不可
> 行處，不得不往復追改，則事勞而牴牾易見也。

重申「因事命篇」的編纂主張，也批評撰史過於拘泥體例的錯
誤。他曾述敘事之法共二十三種，說：

> 序論辭命之文，其教易盡；敘事之文，其變無窮。故今
> 古文人，其才不盡於諸體，而盡於敘事也。蓋其為法，
> 則有以順敘者，以逆敘者，以類敘者，以次敘者，以牽
> 連而敘者，斷續敘者，錯綜敘者，假議論以敘者，夾議
> 論而敘者；先敘後斷，先斷後敘，且敘且斷，以敘作斷；
> 預提於前，補綴於後，兩事合一，一事兩分；對敘、插
> 敘、暗敘、顛倒敘、迴環敘。離合變化，奇正相生。如

---

❼❽　《文史通義·書教下》，頁15。

> 孫吳用兵，如扁鵲用藥，神妙不測，幾於化工。[79]

吳天任謂之雖屬教人敘事之法，其實也是學誠作史敘事極盡離合變化之妙。[80]梁任公因而稱讚他的史文技術說：「論純文學，章氏不成功；論美術文，章氏亦不成功；但對於作史的技術，了解精透，運用圓熟，這又是章氏的特長了」。[81]學誠的特長技術，換言之，即在善於「聯絡鎔鑄」，所以能做到「活潑飛動」。[82]學誠看到當時「作者所有言論與其撰者，頗有不安人心」，於是寫了一篇〈古文十弊〉，表達自己對撰史記事行文的看法，他說：

> 敘事之文，作者之言也。為文為質，唯其所欲，期如其事而已矣。記言之文，則非作者之言也。為文為質，期於適如其人之言，非作者所能自主也。

又云：

> 言辭不必經生，記述貴於宛肖。而世有作者，於斯多不致思。是之「謂優伶演劇」。……而記傳之筆，從而效之，又文人之通弊也。（中略）人苟不解文辭……但須據事直書，不可無故妄加雕飾。妄加雕飾，謂之「劀肉

---

[79]　《章氏遺書補遺・論課蒙學文法》，頁1358。
[80]　吳天任，《章實齋的史學》，頁184。
[81]　梁啓超，《中國歷史研究法附補篇》，頁24。
[82]　同注[80]。

為瘖」。

甚具卓識，尤以有些論說的舉證頗爲精彩但又不失其實。如有一位名士敘其母節孝，文云「乃祖衰年病廢臥床，溲便無時，家無次丁，乃母不避穢褻，躬親薰濯」之後，又述「乃祖於時蹙然不安，乃母肅然對曰：『婦年五十，今事八十老翁，何嫌何疑！』」學誠卻認爲其母既明大意，當不致於有該話，這應是此名士自生嫌疑，特添注以斡旋其事乃是「剜肉爲瘡」之弊。學誠也因此指出史文應當「但須據事直書，不可妄加雕飾」。

又一例爲某名士爲人撰誌，其人蓋有朋友氣誼，誌文乃仿韓昌黎之志柳宗元（773－819），一步一趨，惟恐其或失也。如此一來，志之內容幾乎完全抄襲昌黎志柳州之文而來，與其所要記載之對象事實不符。學誠因而指出：有「削趾適履」之弊，所以他主張：「文欲如其事，未聞事欲如其文者也」。

類似的例子猶多，不復舉之。要而言之，可知章氏於作史之法，言之綦詳。關於史文一端，尤具卓識。但其最主要之貢獻則在要求史文求其適如其人與事而已。❸易言之，即如前文所說：「史文屈曲而適如其事」恰如其分。章氏此論，比起劉知幾主張的據實而書的實錄史學來論，意思相當，但筆者以爲知幾之直筆論，對於「中古」以下魏晉六朝的史學遺風，有其針盲起廢的藥石作用及嚴肅性，可爲後世史學在史文論方面的

---

❸　何炳松，《何炳松論文集》（北京：商務印書館，1990），頁32。

法式和基準。而學誠所提出的史文論除明顯可以看出受知幾影響的痕跡外，似乎多出一層活潑性及變異性。

　　知幾的史文論，因已有彭雅玲的專文與拙文已述及**❽**，故於此僅摘要略述以與章氏言論相比照，知幾有關主張大抵以為史文敘事應符合三要件：㈠尚簡要：即須「省字省句，文約事豐」。其所謂「國史之美者，以敘事為工，而敘事之工者，以簡要為主」即是**❽**，其意在「詞寡者出一言而已周，才蕪者資數句而方浹」。**❽**知幾指出史文繁瑣乃在四弊：多記祥瑞、多載朝會、多歌功頌德、多敘官爵，袪之即可趨於簡明。㈡明用晦：即指敘事時語句簡短而含義深刻，言近指遠、詞盡而義不盡，使讀者望表知裏，捫毛辨骨，覿一事於句中，反三隅於字外，使史文玩味無窮。知幾所謂「夫能略小存大，舉重明輕，一言而巨細咸該，片語而洪纖靡漏，此皆用晦之道也」。**❽**㈢

---

❽　彭雅玲，《史通的歷史敘述理論》（台北：政治大學中文所碩士論文，1990，已刊）第四章第二節亦專論其史文論，彭文以其中文所背景撰述「文質論」、「修辭論」分析劉知幾之史文論，落筆踏實，頗有可觀，值得參讀。台師大莊萬壽教授曾在中央日報專文〈全面研析《史通》各領域的問題〉評書，見1994.8.9～10.十九版。筆者亦有前揭〈劉知幾的時間觀念及其歷史撰述論〉，《大陸雜誌》75：1（1987．7），莊氏在前文亦述評及筆者。

❽　《史通釋評·敘事》，頁199。張振珮遺著，〈《史通》內篇札記〉，《歷史文獻研究》（北京新一輯），頁12，有云：尚簡不能無「要」字，有此字紀評方能得旨。

❽　同注**❽**。

❽　《史通釋評·敘事》，頁204：又吳文治，〈劉知幾《史通》的史傳文

戒妄飾：爲史載文，主以事實爲根據，言之有物，反對華而不實。知幾憎恨「體兼賦頌，詞類俳優」，故主辭淺而義深，戒妄飾。劉知幾雖述此三要件，但三者並非平行，其意蓋以簡要爲主，簡與晦之時義較大，故主次輕重，皎然在目。❸以上史文敘事之法，要點大致在史重實錄「當辨而不華，質而不俚，其文直，其事核」，至於文學則「綺揚繡合，雕章縟彩」，雖「等公幹之有逸，如子雲之含章，類長卿之飛藻」的文采，也只有害於歷史的眞實性。

　　史文論尙須談及語言技巧問題，知幾主張必須崇實求眞，有發展的觀點。如《春秋》三傳的語言不同於《尙書》；「兩漢之詞」不同於《戰國策》，因「歲時之不同」，語言也會變化和發展，因而知幾主張「隨時之義」，反對用古語代替今詞，反對盲目模倣因習古人。他說：

> 後來作者，通無遠識，記其當世口語，罕能從實而書，方復追效昔人，示其稽古。是以好丘明者，則偏摹《左傳》，愛子長者，則全學史公。用使周、秦言辭，見於魏、晉之代，楚、漢應對行乎宋、齊之日。而僞修混沌，失彼天然，今古以之不純，眞僞由其相亂。❹

學理論〉，《江漢論壇》1982：2，頁62。

❸　張振珮遺著，張新民整理，前揭〈史通內篇札記〉，頁12。

❹　《史通釋評・言語》，頁178。

雖知幾反對盲目摹倣古人，但並非一概反對向古人學習、摹擬。他甚至認為摹擬有時還很重要，因而在〈摹擬〉篇他進一步分摹擬為「貌同心異」與「貌異心同」，知幾認為後則才是上選。⑨學誠也不反對因襲摹擬，他說：「史書因襲相沿，無妨並見，專門之業，別具心裁，不嫌貌似也。」⑨但仿古必取其精神，而不取其形貌。學誠又說：

> 使綴今之事，而強屬以古人之體，譬之尸祝傳告，其神情必不肖也。使襲古之體，而但易以一方之事，譬之臨池摹書，其位置必不便也。古今之作著，編年紀傳，不同體而同工，語無相襲，蘄自成一家言耳。⑨

其說與劉知幾實大同之中仍有小異。

由於劉知幾主張「隨時」「從時」之義，即史文須載與時代有關之人事物，所寫主要隨社會事勢之變而變，如此才能把握時代之精神與當世之色彩，忠實地以時文時語，以不因習重創造的方式表達出來。⑨亦因如此，他在《史通·載文》曾指出魏晉以來史書不正之風，其弊有五端：虛設、厚顏、假手、

---

⑨　《史通釋評·摹擬》，頁262。

⑨　《史通釋評·釋通》，頁133。

⑨　引自何炳松，《何炳松論文集》，頁104所輯。原作《章氏遺書》卷一七，〈前志傳〉。

⑨　宮廷章，〈劉知幾史通之文學概論〉，《師大月刊》第二期（北平，1933），頁68。宗廷虎，〈劉知幾的修辭觀〉，《揚州師院學報：社科版》1988：2，頁55。

自戾、一概。此五種語言文字，都不可謂之「歷史語言」，爲史家所忌。知幾之意，蓋在史家行文用語，除表示史才之高低，技藝之巧拙外，其遠意尚涉及「隨時之義」的實錄史學，合乎「文直事核」，最終則垂警訓戒，有益人世，成其不朽之三的事業。

至於學誠在史文論方面尚主張：㈠引用成文，以與事實有關者爲主，不尚文辭。氏說：「史志引用成文，期明事實，非尚文辭。其於事實有關，即胥吏文移，亦所採錄，況上此者乎？苟於事實無關，雖班揚述作，亦所不取，況下此者乎？」❹，其旨在說明史文特點，排斥文史合一之弊，甲凱以爲即今日視之仍爲至理之言。❺唯章學誠在〈乙卯箚記〉、〈說林〉諸篇，又補充說明史重成文，卻必須標出所自，以明來歷。㈡他主張文德論，以爲臨文須主敬，要歸誠而有物，言必大公，故不可門戶朋黨，聲氣相激；不可徇名忘實，直緣風氣。求端於道，期於適如其事與言而已。❻此兩點則皆爲劉知幾所未遑論的，意境已較劉氏爲高，且所論更爲周延了。

---

❹　《文史通義・修志十議》，頁490。

❺　甲凱，《史學通論》，頁475。

❻　《文史通義・文德》，頁61；又可參王義良，〈章實齋的文德論〉，《中華文化月刊》16：5，頁44。又同氏，《章實齋以史統文的文論研究》（高雄：復文圖書出版社，1995），頁244~258。

小　結

　　綜合上三節所論述，皆就史事制度的相關層面審視劉知幾與章學誠兩大史學理論大家的批判言論，三節的內容皆可各自獨立，各指其事，但細審其內蘊，則其實亦有共同相關的主題所在。也就是說三節的名稱，雖各自不同，爲「官局修史制」「史官條件說」「文士修史評」，但皆涉及史家或史官這一主題，這是歷史的主體。我們知道主體史家的品質會決定歷史客體亦即歷史本身的可信度，於焉可知本章論敘評點的重要性。

　　三節主旨所在，皆是劉知幾與章學誠批評的對象，劉、章兩氏對「官局修史」「史官條件」「文士修史」三者的批評，其實都是一種敵對的批評，而不是善意的批評，但在批評當中流露出史家的價值觀。最後都在上述三項目中，建立其相關的史學理論體系，豐富了史學的內涵。

　　首先第一節的「官局修史制」，是關涉史家主體的工作場所，雖然唐代史館待遇優渥，人所稱羨，但宰臣監修，不學無行，分程立限，汗青無日，終至使劉氏上書「五不可」請辭史職，雖未獲准，但劉氏恐沒世之後，嘿然無述，致鬱憤填膺，終退而私撰《史通》，彈射古今史籍，建立撰史之法式典則，成就其偉業。章學誠雖無緣入史館，但亦曾在地方史局纂修方志，初亦受排擠，後在艱難生活中亦編修多本省府州縣各志，

他不斷從中思索改進，屢有斬獲，終至提出方志學理論，蔚成其絕學，為中國方志史業，立一宏碁。兩人對官局修史，皆持負面看法、批評態度，最後亦未因官局而成名，蓋官局無法滿足兩氏史家治史之目的，亦無法滿足其價值之需求。附帶一提，本節名稱「官局修史制」是考量到章學誠未入史館，然多在地方州縣公家修志，故而改用「官局」代「史館」以取得較為廣泛的範圍，適用於劉、章兩氏並論的，非刻意模糊主題，含混耳目。

　　另一成就劉知幾要撰述《史通》的原因，即是第三節「文士修史評」所論，文士做史官，由於不明史學宗旨和史書的體裁綱統，以至於苟衒文采，不知史法史意，忽略大體，只取小道，安足當以撰史之業？這就牽涉到第二節所論的「史官條件說」之內涵。文士至多只能符合三長論中的史才一論，所謂「詞采以為才，非良史之才」。歷史文章文采固然重要，但求真仍是第一要務，兩者不能顛倒，亦不可偏缺。真實是史學生命，文采則是史學營養。若只有真實而無文采，則如陳年爛賬，令人不忍卒讀，很快遺忘；若只有文采而無真實，則全失歷史本質，僅成浪漫虛幻，而不值一顧，故求真應重於求美。然文士撰史，因無劉知幾所謂之「銓綜之識」或章學誠所謂之「陶鑄成文」，結果反致以文害義，不達史旨。然則應當如何呢？即不應選經生、文士入史館參與修史，這種現象必須終止，否則將嚴重影響史學的發展，應用才、學、識俱佳者最善。章學誠在劉知幾的三長論基礎之上，又結合事、文、義及義理、辭章、

徵實，賦與新內涵，尤其史識、史德與史義的整合論述，形成
其史論的絕大特色之一，尤值得吾人注意。

第四章　人　評

　　《史通》書成，徐堅（659－729）即說：「居史職者，宜置此書於座右」❶；唐末柳璨（？－905）批其書曰：「妄誣聖哲」❷；北宋宋祁（998－1061）則說：「知幾以來，工訶古人而拙於用己」❸；明焦竑（1540－1620）也說：「余觀知幾指摘前人極其精核，可謂史家之申、韓矣；然亦多肆譏評，傷於苛刻」❹等等，可知劉知幾不僅在史評、事評，諸多高論，即於人物史家，亦多卓見。章學誠在批判尊疑或不如劉知幾犀利，但其識見高邁，所品鑑人物必有其理，亦可資了解其定見。今彙整重要人物，主要以史臣史家爲中心，分史家之人格類型、品格、技藝三方面來審視劉知幾、章學誠兩氏的評見，並析述所評是否合理？

---

❶　《舊唐書・劉子玄傳》（台北：鼎文書局，1978），卷102，頁3171；《新唐書・劉子玄傳》（台北：鼎文書局，1979），頁1207。

❷　柳璨，《史通析微》（又名柳氏繹史）收在晁公武，《郡齋讀書志》（台北：台灣商務印書館，國學基本叢書，1968），卷7，頁793。

❸　宋祁，《新唐書・劉子玄傳贊》，卷132，頁4542。

❹　焦竑，《焦氏筆乘》（上海：上海古籍出版社，1986），卷三，頁96。

第一節　史家人格類型論

　　劉、章兩氏在其名著中肆論其史學見解與主張時，總不可避免地或多或少會涉及人物，即「什麼樣的人才寫這樣的史書，揭示那樣的理論」的問題，也就是何種人格特質的史家，才寫出何種的史書，史書是史家個人意識和行為的結果。在史學發展史上，古往今來的史家何止萬千，其人格特質亦千姿百態，以致所寫成的史書，亦絕無相類者。換句話說，史家作為一個群體，除共有的人格特質之外，各個史家尚有不同的個人傾向和個人特質。

　　在還沒有開始探討劉、章兩氏的「人評」之前，不妨先探討他們是那種類型人格的史家？基本上，劉、章兩氏最大的成就即《史通》與《文史通義》的刊世流佈，在書中他們探究史事，論定是非，或頌讚，或批評，或平敘，皆激揚文字，形成論述，故可謂之學術型人格的史家。❺當這類型人格的史家碰到其他不同或相同類型的史家史著時，他們是怎麼批評的？

　　劉知幾在寫《史通》時，他自述：

　　　昔仲尼以睿聖明哲，天縱多能，睹史籍之繁文，懼覽者之不一，刪《詩》為三百篇，約史記以修《春秋》，贊

---

❺　鄭先興，《史家心理研究》（開封：河南大學出版社，1997），頁163。

《易》道以黜八索，述《職方》以除九丘，討論墳、典，斷自唐、虞，以迄於周。其文不刊，爲後王法。自茲厥後，史籍逾多，苟非命世大才，孰能刊正其失？嗟予小子，敢當此任！其於史傳也，嘗欲自班、馬已降，訖於姚、李、令狐、顏、孔諸書，莫不因其舊義，普加釐革，但以無夫子之名，而輒行夫子之事，將恐致驚末俗，取咎時人，徒有其勞，而莫之見賞。所以每握管嘆息，遲回者久之。非欲之而不能，實能之而不敢也。❻

他殷切盼望能像孔子，釐訂群史，寫成一部《春秋》，他自認可以做得到，只是他沒有夫子之名來行夫子之事，而深恐取咎於流俗鄙夫。這是他深引爲憾的，但同時卻道出他內心深層的願望。

章學誠著《文史通義》，也是要向孔子看齊。他說：

史之大原本乎《春秋》，《春秋》之義昭乎筆削。筆削之義，不僅事具始末，文成規矩已也；以夫子義則竊取之旨觀之，固將綱紀天人，推明大道，所以通古今之變而成一家之言者，必有詳人之所略，異人之所同，重人之所輕，而忽人之所謹，繩墨之所不可得而拘，類例之所不可得而泥，而後微茫杪忽之際有以獨斷於一心；及其書之成也，自然可以參天地而質鬼神，契前修而俟後

---

❻ 《史通釋評・自敍》，頁334～335。

聖，此家學之所以可貴也。❼

可見他要推明大道亦歸源於《春秋》，這裡他強調獨斷于一心，成一家言的家學，闡發《春秋》之義，與劉知幾實無二致。不僅章、劉如此，其實孔子也是司馬遷、歐陽修、鄭樵等人的學習目標。然則孔子者何？孔子是一位針砭時弊、指點迷津的社會型人格的史家。何以言之？孔子當時正值春秋末期，是一個舊社會秩序業已土崩瓦解，而新秩序尚在孕育構建中的社會轉折時期，是新舊價值衝突，善惡交替、眞僞攙雜、美醜互現、是非難斷之時，其政治社會的眞相是王室衰微，諸侯失政，大夫專權以下弒上，君侯亡國不計其數的年代。此時如何建構社會新秩序、消除動盪不安？是當務之急的事。孔子於此時，提出「君君、臣臣、父父、子子」的正名論，強調仁、禮以維護社會的安定，並栖遑奔走，尋求實現理想的國度。儘管有人解釋君君臣臣、父父子子是維護封建專制，利於統治者的思想根源，但在當時社會的客觀條件之下，孔子汲取周代宗法制度的經驗，用血緣親情關係來約束人，企圖建構一個穩健且新的社會秩序，實際似是可行的。但孔子並無機會實現其願望，以致從陳蔡歸魯之後，潛心教育與著述，修《春秋》刪《尚書》，將其理念貫徹在著述與教學之上，而成爲萬世景仰的至聖先師與史學太祖。總之，社會型人格的史家有下列特徵：一是對現

---

❼　《文史通義·答客問上》，頁138。

實過多的批判，使他們過於焦慮、憂懼；二是對未來帶有保守復古的成份；三是他們的批判或設想，只是說明了史家對歷史的看法，對歷史的發展可有不同程度的影響和作用。❸孔子就是這樣的人。

然而針對孔子修撰的《春秋》來言，劉知幾在《史通·惑經》篇即提出十二未諭及五虛美，因爲文繁，在此不引，大致十二未諭是數落孔子載事弒、卒未辨；略大存小，理乖懲勸；爲本國諱；爲賢者諱；以及褒貶沿革無定體；書法未明等等。五虛美則舉例說明太史公、左丘明、孟子、班固稱美孔子的話，都無其事，所以劉知幾就說：

> 世人以夫子固天攸縱，將聖多能，便謂所著《春秋》，善無不備，而審形者少，隨聲者多，相與雷同，莫之指實。

如果再加上《史通·疑古》篇對孔子所刪的《尙書》，以及本是二手史料而一直被當作一手史料使用的《論語》提出整整十疑，結果劉知幾變成一些衛道學者的非議目標，這是可以想見的。前舉唐末宰相柳璨即因此認爲劉知幾犯下嚴重的錯誤：

---

❸ 鄭先興，《史家心理研究》，頁159。此類型的史家，還有馬克斯主義派的李大釗、郭沫若、范文瀾等。西方則有湯恩比所代表的文化型態史學流派；因爲他們關注社會現實，憂懼社會未來；及佛洛伊德爲代表的心理史學流派，因爲此派注意人的慾望的滿足和欲求的實現，以穩定社會，解救人類等等。

> 妄誣聖哲，評湯之德爲僞跡，論舜之惡爲厚誣，謗周公
> 云不臣，褒武庚以殉節，其甚於彈劾仲尼，因討論其舛
> 謬，共成五十篇。❾

清代紀昀（A.D.1724-1805）的《史通削繁》亦刪除〈疑古〉
全文和五虛美，並削去〈惑經〉未諭多則，可以說與柳璨的看
法是一致的。連爲《史通》作「通釋」，而使《史通》廣爲流
傳的浦起龍（二田，A.D.1679-1760）也不盡能接受劉知幾的
原意，爲他做各種開解，直云：「法當絕之，勿使並進者」。
❿劉知幾的批評，引起後世學者的恐慌，「古聖且蒙疑謗，此
事誰容售欺？」⓫，因而一向執史法，如老吏斷獄議論史事的
劉知幾，也落得《析微》、《削繁》之評削了。此係史學之因
果律乎？吾不知也。然筆者倒有一語，爲劉知幾申辯，劉氏在
〈惑經〉篇的開頭，其實已經明揭「今惟摭其史文，評之於後」，
這句話只有近人張振珮箋注《史通》在〈疑古〉篇解題時，講
清「是在論史，不是窮經」；〈惑經〉解題說是「既不反儒，
更不薄孔」⓬，庶幾得其神旨。吾人對〈疑〉〈惑〉兩文的評
見，實不必據以駁斥其離經叛道，正可以之肯定其識見卓絕，
目力利銳，勇氣可嘉。因此，學術型人格的史家遇上社會型人

---

❾　收在晁公武　，《郡齋讀書志》，卷7，頁793。

❿　《史通釋評·惑經》，頁496，浦釋。

⓫　《史通釋評·疑古》，頁456，浦釋。

⓬　張振珮，《史通箋注》（貴陽：貴州人民出版社，1985），頁473，496。

格的史家，仍然是要會照到共同的史家人格特質這一焦點領域
上。

　　至於章學誠對孔子的批評懷疑，則遠不若劉知幾，章學誠
在尊孔之餘，幾乎不能疑。他論及孔子之處，大都是拿來說明
自己的見解出於孔子，與孔子是一脈相繼，除前述所舉「史之
大原本乎《春秋》，《春秋》之義昭乎筆削。筆削之義，不僅
事具本末，文成規矩已也；以夫子『義則竊取』之旨觀之，固
將綱紀天人，推明大道」之外，還有：

> 史學所以經世，固非空言著述也。且如六經同出於孔子，
> 先儒以為其功莫大於《春秋》，正以切合當時人事耳。
> 後之言著述者，舍今而求古，舍人事而言性天，則吾不
> 得而知之矣。學者不知斯義，不足言史學也。[13]

及

> 後世服夫子之教者自《六經》，以謂《六經》載道之書
> 也，而不知《六經》皆器也。[14]

主要都是針對乾嘉時代的學術風氣而發的，他反對當時漢學「徵

---

[13]　《文史通義·浙東學術》，頁54。

[14]　《文史通義·原道中》，頁40。並參島田虔次，〈歷史的理性批判—
　　「六經皆史」の說—〉，《歷史の哲學》（東京：岩波書店，1969），
　　頁135~138。

實太多，發揮太少，有如桑蠶食葉而不能抽絲」❶，以及宋學的「外輕經濟事功，內輕學問文章」「守陋自是，枵腹空談性天」❶、「惟騰空言而不切於人事」❶；在他的想法，不管是「務考索」的考據家，或是「騰空言」的理學家，都不懂史學，史學是要經世的。這是他跳出當時的學風，從「明道經世」的觀點來批評當時的漢學家博古而不知今，宋學家言性天而不切人事，達不到史學經世的目的。若如此，則史學即失去存在的價值，失去生命力。章學誠的這番論調，顯受清初文網甚密以及長期儒家思想藩籬的限制較大，與劉氏在〈疑〉〈惑〉上針對孔子提出五虛美十二未諭以質評之，相差甚鉅。❶

第二種是運籌帷幄的管理型人格的史家。「史」最早的意義即是官職，是統治機構的成員之一，在政教不分的上古時期，其地位十分崇高，往後雖每下愈況，僅負責記言載事，但仍參與政治。以今語言之，上古這些史官可謂爲管理人格型的史官。翻開中國史學史，可輕易發現，中國史家大多屬於這類人格。鄭先興在其《史家心理研究》一書指出，漢代司馬談、遷父子，

---

❶　《文史通義·與汪龍莊書》，頁328。

❶　《文史通義·家書五》，頁368。

❶　《文史通義·浙東學術》，頁53。

❶　《文史通義·原道》，頁38~39。可見章氏批疑之精神不如劉知幾。雖然劉知幾提出〈疑古〉〈惑經〉，但卻不能據以爲論劉氏之不尊孔，劉氏尊孔之言論比非孔更多，可參莊萬壽，〈劉知幾實錄史學與孔子思想的關係之研究〉，《中國學術年刊》第10期（1988），頁255~270。

身爲太史令，雖無重權，然隨皇帝身後，出入宮廷，出謀劃策，頗多榮耀。這裏舉司馬遷作例，應指尙未受腐刑之前。受刑之後，司馬遷則逐漸轉爲學術型人格的類型。唐宋以後，宰相兼領監修，實際上是宰相也做了史家，如此則宰相在管理行政事務當中，即常以史家的眼光看待事情解決問題，其中最具典型的例子即北宋的司馬光（1019—1086），曾居高位，也退而撰修《資治通鑑》，其書本即意圖以歷史上治理國家的成敗事例提供當朝服務的。❶

　　《史通》之中對於管理型人格的史家，於茲且舉許敬宗、令狐德棻、武承嗣、司馬光爲例。對許敬宗的評語是「敬宗所作紀傳，或曲希時旨，或猥飾私憾，凡有毀譽，多非實錄。必方諸魏伯起，亦猶張衡之蔡邕焉」❷，貶多於褒，文中拿張衡、蔡邕比諸許敬宗與魏收，應是反諷。又：「許敬宗之矯妄，……此其善惡尤著者也」。❸知幾對他的評價，確實不佳。令狐德棻後來當過監修，但知幾對他的批評，也不嘴軟。有云：「志在文飾，……遂使中國數百年內，其俗無得而言」❹；「周史，……其書文而不實，雅而無檢，眞迹甚寡，客氣尤煩。」「周氏一

---

❶　鄭先興，《史家心理研究》，頁160。又說美國第26任總統威爾遜，身爲史家又做了總統，極盡管理之能事，可謂中外史家之典範。

❷　《史通通釋·古今正史》，頁373。

❸　《史通通釋·史官建置》，頁318。

❹　《史通通釋·雜說中》，頁495。

代之史，多非實錄者」❷，評語亦非善，但說令狐撰有《唐國史》「雖云繁雜，時有可觀」❷，尚非絕惡。至於武承嗣，則曰：「史官之愚，其來尚矣。今之作者，何獨笑武承嗣而已哉？」❷至於司馬光，當然只有從《文史通義》來看了。章學誠論司馬光者並不多，一是在〈文德〉篇，涉及到正統的事，文曰：

> 昔者陳壽《三國志》，紀魏而傳吳蜀，習鑿齒爲《漢晉春秋》，正其統矣；司馬《通鑑》仍陳氏之說，朱子《綱目》又起而正之。「是非之心，人皆有之」，不應陳氏誤於先，而司馬再誤於其後，而習氏與朱子之識力偏居於優也。而古今之議《國志》與《通鑑》者，殆於肆口而罵詈，則不知起古人於九原，肯吾心服否邪！陳氏生於西晉，司馬生於北宋，苟黜曹魏之禪讓，將置君父於何地？而習與朱子，則固江東南渡之人也，唯恐中原之爭天統也。❷

章學誠顯然是站在司馬光這一邊，司馬光以魏爲正統是很自然之事。其實這一點是當時高級知識份子的共同看法。同時代的紀昀針對此事，也說：

---

❷　《史通通釋‧雜說中》，頁500~501。

❷　《史通通釋‧古今正史》，頁373。

❷　《史通通釋‧點煩》，頁440。

❷　《文史通義‧文德》，頁61。

蓋鑿齒時，晉已南渡，其事有類乎蜀，爲偏安者爭正統，
此乎於當代之論者也。壽則身爲晉武之臣，而晉武承魏
之統，僞魏是僞晉矣，其能行於當代哉？此猶宋太祖篡
立近於魏，而北漢、南唐迹近於蜀，故北宋諸儒皆有所
避而不僞魏。高宗以後偏安江左近於蜀，而中原魏地全
入於金，故南宋諸儒乃紛起而帝蜀。❷❼

另在〈釋通〉篇，也針對通史與斷代史的流緒，提到司馬光，
而說：「合紀傳之互文而編次總括乎荀袁，司馬光《資治通鑑》
作焉」主要是說「史部之通，於斯爲極盛也」❷❽，也算好評。
另〈史注〉篇說范仲淹的《考異》與《通鑑》、《舉要》、《考
異》之屬，同爲近代良法。

　　第三種是彰善癉惡的倫理型人格史家。劉知幾強調史家的
責任要「申之勸誡，樹之風聲」，要「彰善癉惡」，使後人見
賢思齊，見不賢則內自省，就如《春秋》成而逆子懼，南史至
而賊臣書。所以劉知幾說史之功用，乃「生人（民）之急務，

---

❷❼　紀昀總纂，《四庫全書總目》，卷45，史部，〈三國志條〉。梁任公
　　在1902年發表〈論正統〉一文，說主正統之荒謬，乃古代文人爲統治
　　者服務而作賤人民與自己的愚昧論說，梁氏在文中力主人民才是正統，
　　君主立憲才是正道。此文收錄在梁氏所著，《中國歷史研究法》（臺
　　北：里仁書局，1984）〈新史學〉中，頁26~32。
❷❽　《文史通義・釋通》，頁131~132。又〈書教下〉：「司馬《通鑑》，
　　病紀傳之分而合之以編年；袁樞《紀事本末》，又病《通鑑》之合，
　　而分之以事類。」

爲國家之要道」㉙，西方史家塔西佗（P.C.Tacitus 55-120）也說，敘述歷史的目的是彰揚善言懿行，懲戒奸言逆行㉚，可見中西一致。涉及品評人物時，中外史家大都從社會道德方面著手，因此這類史家被稱爲「倫理型」人格的史家，中國古代史家，特別是廿四正史的編纂者，皆爲此類。茲舉歐陽修（1007-1072）爲例，因不滿於薛居正《舊五代史》，欲自改作，窮十餘年之功，撰成唐以後正史中唯一一部私人著作的《五代史記》（後稱《新五代史》）。又奉詔重修唐史，作紀、志、表，與宋祁所修列傳合爲《新唐書》，兩書都刻意效法《春秋》，尤其《新五代史》，善惡必書，對唐末五代亂世進行誅伐，抨擊藩鎮和亂臣賊子，以維護正統，亦力倡尊王攘夷，明辨夷夏之別，反映出尊王的史學思想。在文字表述上，則力求事增文省，寧簡無冗，寧避無俗。不信讖諱，反對佛道之鬼神迷信，堅持「不以天參人」「天人相分」，認爲史學的目的在於記興廢存亡之迹，論治亂興衰之理，以史爲鑒。

　　然而章學誠對於歐陽修的兩正史的評價卻不高，一來是歐陽修文人的成色比較重，並不適合修史，本書已在第三章第三節述過，在此即不復表；對《新五代史》的序論都用「嗚呼」一詞來代替「臣修曰」「史臣曰」的方式，章學誠直斥之銘誄文詞，而不贊同用於撰史，不管歐陽修是置於卷首，或綴於篇

㉙　《史通釋評・史官建置》，頁350。

㉚　郭聖銘，《西方史學史概要》（上海人民出版社，1983），頁148。

末，或分列卷首編末；也不論它形式多變，機動靈活，隨感生發，更不論其史論鞭闢入裏，切中肯綮，發人深思，予人啓迪，章學誠一律低貶。

　　第四種是自尊自愛的民族型人格史家。這一類型的史家多對本民族的歷史尊崇和珍愛，故謂之。談遷父子重視《史記》的編纂，其主要動機即宣揚和展示漢之強大。班固（32－92）寫《漢書》亦出於此心。蘭克（Leopold von Ranke 1795-1886）標榜客觀主義，但實際上爲普魯士歌功頌德。元代胡三省（1230-1302）眼見宋朝的腐敗和滅亡，他要揭露滅亡的原因，故在《通鑑注》中充分表現了他的民族氣節和愛國熱情。陳垣（1880－1971）寫《通鑑胡注表微》時，正值日軍佔領北京，故決心精研胡注，皆是抒發愛國之情之道。錢穆（1895-1990）獨力撰作《國史大綱》，其長序即充分顯露他也是民族型人格的史家。❸

　　第五種是論定是非的學術型人格史家，則可以司馬遷、劉

---

❸　錢穆，《國史大綱》（台北：台灣商務印書館，1978修訂五版），卷首語，引論。王銀春，《人類史學重要命題》（湖北教育出版社，2000）〈無變不成歷史〉，有錢穆撰《國史大綱》的經過，云1931九一八事變後，南京國民政府下令，規定中國通史爲大學必修課。經傅斯年倡議，北京大學決定編寫一部中國通史，以喚醒國心，啓迪民心。準備分聘北平史學界15位專家分時代講授。錢穆自告奮勇，願一人承擔，獲得同意。第二年秋天，他開始編寫《國史綱要》講稿，講授中國通史。至1940年6月以《國史大綱》書名出版，此書甫出，即被學者輾轉購置，學生整部傳鈔，教育部頒爲大學用書。

知幾、章學誠爲代表。章、劉兩氏論評司馬遷者甚多，本節之
前、之後都可見到，於茲可省篇幅。於此僅舉章學誠評劉知幾
之言論而已。除前文已舉過：「劉言史法，吾言史意」，「劉
知幾得史法而不得史意，此予《文史通義》所爲作也。」另有
〈知難〉篇曰：

> 劉知幾負絕世之學，見輕時流，及其三爲史臣，再入東
> 觀，可謂遇矣。然而語史才則千里降追，議史事則一言
> 不合，所謂迹相知而心不知也。

劉知幾得入史館修史，爲史臣，仍是「得遇」，但談史學，則
知遇並不多。章學誠是語之出，實以自傷，以嘆「知難」。

對紀傳體裁的多種體例，章學誠與劉知幾的看法也有若干
不同，茲舉一、二例說明，以概其餘。如針對本紀而言，劉知
幾在《史通・本紀》中說：

> 蓋紀之爲體，猶《春秋》之經，繫日月以成歲時，書君
> 上以顯國統。……又紀者，既以編年爲主，唯敘天子一
> 人，有大事可書者，則見之於年月；其書事委曲，付之
> 列傳，此其義也。

以爲只有天子方能入〈本紀〉，因此他對《史記・項羽本紀》
表示不滿，以爲自壞體例，因項羽並未擁有國統。他說：

> 項羽僭盜而死，未得成君，求之於古，則齊無知、衛州

吁之類也，安得諱其名字，呼之曰王者乎？《春秋》吳
楚僭擬，書如列國。假使羽竊帝名，正可抑同群盜，況
其名曰西楚，號止霸王乎？霸王者，即當時諸侯，諸侯
而稱本紀，求名責實，再三乖謬。

他認爲司馬遷在本處的作法是「再三乖謬」。至於司馬遷爲什
麼這麼寫？古來論述已多，且暫不詳細說明，先看章學誠對此
的看法與批評是何？學誠認爲：

紀之與傳，古人所以分別經緯，初非區辨崇卑。是以遷
史中有無年之紀，劉子元首以爲譏；班書自敘，稱十二
紀爲《春秋考紀》，意可知矣。自班、馬而後，列史相
仍，皆以紀爲尊稱，而傳乃專屬臣下，則無以解於《穆
天子傳》與〈高祖〉、〈孝文〉諸傳也。[32]

照他的看法，本紀只是按時間順序編排的大事紀，爲「一史之
綱維」[33]，其他各體例則詳載事實，如同左氏之傳經，以緯本
紀。所以他又說：「史部要義，本紀爲經，而諸體爲緯，有文
辭者曰書曰傳，無文辭者曰表曰圖，虛實相資，詳略互見」[34]
這就更進一步說明本紀與其他體例在史書中有經緯互持之作
用。

---

[32]　《文史通義·永清縣志恩澤紀序例》，頁428。
[33]　《文史通義·淮南子洪保辨》，頁219。
[34]　《文史通義·永清縣志輿地圖序》，頁435。

書志一項也是紀傳體史書不可缺少的部分。但魏晉南北朝有不少史書都缺而不作，說明作書志之難度較高，誠如鄭樵在《通志‧總序》中所說的：「江淹有言：『修史之難，無出於志』。誠以志者，憲章之所繫，非老於典故者，不能爲也」，這也是文士修史，多能寫紀、傳，但不能爲表、志的理由。鄭樵的這項看法，後來證明是正確的。但鄭樵認爲志之大原乃出於《爾雅》，章學誠卻認爲是錯誤的，所以他對鄭樵引〈六書〉〈七音〉〈昆蟲草木〉都入《二十略》之中，即以爲與書志性質不相容。鄭樵也算是一位同類型的人格史家。章學誠對書志的看法，跟劉知幾所謂出於《三禮》比較接近。❸

以上凡五種類型的史家人格，可以看出史家人格是多樣的，成就史學的方式也是不同的。這五種類型自然也無法含盡所有史家更詳細更全面的人格，因而誠如鄭先興所言，掛一漏萬自無可避免。當然，以上這五種史家人格其實也可以相通，有的史家一身可以兼具數種人格，如孔子可以是社會型，也可以是倫理型；司馬遷既是倫理型，又是民族型。在這五種之中，最重要的恐還是學術型人格，因爲無論史家在其他方面有多麽傑出的表現，若無「學術」的基本成果，也就談不上史家了。孔子本是社會型人格的史家，晚年最終成就的是學術型人格。

---

❸ 《文史通義‧禮教》：「史家書志之原，本於《官禮》」，頁26；《章氏遺書‧乙卯劄記》云：「劉氏《史通》謂書志出於三禮，其說甚確，鄭氏《通志》，乃云志之大源出於《爾雅》，其說非也」。

司馬遷本來是管理型，最後成就的也是學術型，由此可知。然而，反面言之，也不是所有史家的人格都是高尚的，也有卑鄙齷齪、品格低劣的，則請待下節再敘。史家作爲社會成員，當然難免有不肖之徒。

　　以上這五種分類當然不是劉知幾或章學誠的分法，在本章而言，它是虛發的，它是現代社會科學心理學方面的知識系統應用於史家人格上的分類，取得一種學術的樣本作用而已，但筆者主要則是實在地用劉、章兩氏對於史學史上的這五種史家人格在學術上的表現，加以評騭一番的，也就是說，在本節藉此機會認識這五類的史家人格型態，然更進而探看劉知幾、章學誠兩位學術型史家之批評史學，肆其高論於其他類型史家之「人評」。至於直接探討劉知幾的史家人格類型，則請參本書附錄二。

第二節　史家品格論

　　劉知幾、章學誠兩氏對古代著名史家，在人品修養方面有何批評？其批評是否能夠持平？是否有過當或失偏之處？何以致此？後世學者對劉、章兩氏的批評，是否有再批評？若有則其批評又是何？這一連串的問題，都是本節所擬敘述討論並加以客觀分析的。但因爲古來史家極多，《史通》或《文史通義》列名批判者亦多，本節限於篇幅，不能一一舉述，否則必致

蕪累不堪，難以卒讀，因而本文選擇歷代之中最具代表性之史
家數名，詳細論析，以見劉、章兩氏批評史學的高見。至於稍
詳之例，筆者從《史通》〈外篇〉十卷之中，按年代先後次序
排列劉知幾所批評的對象、內容與出處說明，已製作一表置於
本節之末，即請繙閱參考。至於為何僅由〈外篇〉來列？於此
固宜略加說明，筆者以為《史通》〈內篇〉，多討論史學源流
體例，與〈外篇〉多述史家史著得失，性質不同，內外有別。
〈內篇〉十卷是本節文字敘述取材較多者，〈外篇〉既已製表，
囊括較為備全，可以互相參証，又可避免重複。至於章學誠《文
史通義》中與本節內容相涉者，亦當列出予以討論。但基本上
章氏批評古代史家品格修養者較少，甚至章氏批判精神比起劉
氏來講，可謂略遜一籌，因而本節採述文字內容以《史通》內
篇及《文史通義》為主，外篇則列成表，以補文字之不足，並
得以便覽通觀。

　　在史家品格方面，上古先秦的史官已為後世立下良好楷
模，《左傳》襄公25年（578 B.C.）記齊國崔杼派人殺死國君
莊公後太史書事的遭遇：

　　　太史書曰：「崔杼弒其君」。崔子殺之。其弟嗣書，而
　　　死者二人。其弟又書，乃舍之。南史氏聞太史盡死，執
　　　簡以往。聞既書矣，乃還。

此例說明史官欲「書法無隱」，隨時都可能身家不保。然上古
史家如齊太史、南史氏、董狐等皆遵循這個法度，不畏強禦，

直書其事，這個優良傳統一直爲後世所承繼，既是史家所倡的一種精神境界，也是後人評價史家的一個標準。南朝劉勰評論史學時，曾說：「辭宗邱明，直歸南、董」❸❻；北周柳虯亦說：「南史抗節，表崔杼之罪；董狐書法，明趙盾之愆，是知直筆於朝，其來久矣」。❸❼兩者都說「直書」的重要，也都舉南、董的可貴，直筆已形成是一種史學傳統，也是對史家的一種要求。史家的品德與史家的成就都與此深有關聯。

　　劉知幾談到南董的地方不少，茲舉《史通》內篇〈辨職〉篇爲例：

> 史之爲務，厥途有三焉。何則？彰善貶惡，不避強禦，若晉之董狐，齊之南史，此其上也。編次勒成，鬱爲不朽，若魯之丘明，漢之子長，此其次也。高才博學，名重一時，若周之史佚，楚之倚相，此其下也。

知幾盛讚董狐、南史的「彰善貶惡，不避強禦」，這是一種史家最重要的品格。前述章節已陳述爲「史識」或「史德」的內涵，此處再重申此種「正直」的表現，實際極爲難得，是史家最須優先具備的條件之一。劉知幾在內篇之中，還有〈直書〉〈曲筆〉兩篇專門敘述正直品格的重要，這是一個史家是否得

❸❻　劉勰，周振甫注，《文心雕龍·史傳·贊》（台北：里仁書局，1984），頁297。

❸❼　《北周書·柳虯傳》（台北：鼎文書局，1980），頁681。

為「良史」的基本修養條件，劉知幾在這幾篇之中，常常使用「正直」、「良直」、「直詞」、「直道」這些詞彙，主要即是說明「直書」「直筆」的含意。正直的表現是「仗氣直書，不避強禦」、「肆情奮筆，無所阿容」，史學上有名的例子，劉知幾常舉「齊史之書崔杼，馬遷之述漢非，韋昭仗正於吳朝，崔浩犯諱於魏國」為典範，期許自己與世人「成其良直」。東漢劉向、揚雄、班固稱讚司馬遷「有良史之材，服其善序事理，辨而不華，質而不俚，其文直，其事核，不虛美，不隱惡，故謂之實錄」，亦即說明了「直書」的各個方面的含意，是「直書」的楷模。

劉知幾雖然寫了〈曲筆〉篇，用意還是在強調直書的重要，他說「舞詞」、「臆說」、「誣書」、「妄說」、「謗議」、「諛言」、「不直」都是史家極不負責任的行為，史家藉曲筆或阿時或媚主，或誣人之惡，持報己仇；或假人之美，藉為私惠，或掩飾自家醜行，誇張故舊美德，最終都是嚴重斲傷歷史本質，令人對歷史產生根本的懷疑，則其罪惡也大。故劉知幾對於曲筆與直書的對立，他從稟賦上認為這是「小人之道」與「君子之德」的對立，他說：

> 夫人稟五常，士兼百行，邪正有別，曲直不同。若邪曲者，人之所賤，而小人之道也；正直者，人之所貴，而

　君子之德也。❸

史家不能從實記載，不能直書，其品格即低，即如小人之道。古來這種現象，並未少見。所以劉知幾又說：「然世多趨邪而棄正，不踐君子之迹，而行由小人者，何哉？語曰：『直如弦，死道邊；曲如鉤，反封侯。』故寧順從以保吉，不違忤以受害也」。劉知幾所說是人性之常，也是從現實出發而作的歷史概括，自有其理，然「史之爲用，記功司過，彰善癉惡，得失一朝，榮辱千載」的作用及影響，都有待正直的史家，發揮其史識史德，從實直書，保留歷史之眞相與人間之直道。劉知幾本身爲貫徹這種思想、看法，當然這是他從古來之歷史歸納、批評而得的，他在出任史官二十年之後，終於向頂頭上司的宰臣監修蕭至忠上書「五不可」欲辭史職，其中三、四兩不可即充分說明唐代史館之中，直書與曲筆嚴重對立的狀況。史官無法在君王宰輔、權門貴族對史學的干擾之下，還能夠不曲筆阿附？以致於實錄難求的。史家品格的幽暗面，導致曲筆的出現，但像劉知幾上書五不可，私撰《史通》，都是正直的史家以直書爲自己之天責和本份。這份優良傳統，一直不絕如縷，以致於古來史學，一直都能保有直書的要求，歷代總有「寧爲蘭摧玉折，不作瓦礫長存」的史家出現，這是中國傳統史學吸引人的地方。

---

❸ 《史通釋評·直書》，頁227。

　　章學誠繼承劉知幾的說法，在《文史通義·史德》篇，提出史德說，其論史德，著重在探究作史者的心術上，他提出一個史學批評的新模式，即史識－史德－心術。在他看來，不辨心術，則無以論史德；不明史德，則無以論史識。換言之，只有辨心術，明史德，才可以言史識。這是他比劉知幾寓史德於史識之內的說法更為細緻之處，也是瞿林東以為章學誠在史學批評理論上超出劉知幾的地方。❸❾

　　在上章本書已談過章氏史德說主「欲為良史者，當慎辨於天人之際」，雖不易達到此種境界，但章學誠主張「盡其天而不益於人，雖未能至，苟允知之，亦足以稱著書者之心術矣」。章學誠還認為：心術之慎，在於史家的自我修養，要以「氣平」、「情正」為目標，所以他強調要得心術之正，則「貴平日有所養也」。

　　以上在史家品格論上，劉知幾倡「直道」，是列舉實例，以揭示直與不直即直書與曲筆的區別。章學誠則分析「心術」，用推理的方法，從理性的高度上揭示心術的正與不正之分別。兩者相較，章學誠在理論上確有高出劉知幾的地方，但不管劉知幾或章學誠，直道或心術，一旦碰到儒家所謂的「名教」時，則不論是史學理論或史學批評，都受到拘制，這是章、劉兩家史家品格論的侷限處。❹❶

❸❾　瞿林東，《中國古代史學批評縱橫》（北京：中華書局，1994），頁39。
❹❶　詳可參瞿林東，〈心術與名教－史學批評的道德標準和禮法原則〉，《中國古代史學批評縱橫》，頁110~118。

　　按年代先後爲序來論，上古先秦史家以南、董最著，因不畏強禦，能夠直書，故「令賊臣逆子懼」❹，達到彰善癉惡的功能，故其品自高。其次論述孔子「賤爲匹夫，栖皇放逐，而能祖述堯、舜，憲章文、武，亦何必居九五之位，處南面之尊，然後謂之連類者哉！」❹，孔子刪《尙書》「疏通知遠」，修《春秋》述「屬辭比事」。劉知幾肯定此二書「諒以師範億載，規模萬古，爲述者之冠冕，實後來之龜鏡」❹，對孔子實無限崇敬，更要效法孔子撰述不利之典，爲後王立法。

　　然孔子刪《尙書》，修《春秋》，是建立在世衰道微、邪說暴行的社會背景之上，故其書多賦有強烈的社會作用，意味撥亂世反諸正，包有孔子對當時的社會責任感與使命感。但從上文所述史家的直道或心術的角度來看，孔子的史學卻有可以再檢討的地方。孔子刪《尙書》時，刪去許多他以爲鄙陋的史實，如「孔父之截翦浮詞，裁成雅誥，去其鄙事，直云『慚德』，豈非欲滅湯之過，增桀之惡者乎？」❹，又有許多地方常爲賢者諱、本國諱，「情兼向背，志懷彼我。……非所諱而仍諱，謂當恥而無恥，求之折衷，未見其宜」❹，有時又忽略了大事，卻擷取小事，與懲惡勸善的目的又相違背，有關國家，事無大

<hr>

❹　《史通通釋·曲筆》，頁198。
❹　《史通通釋·摹擬》，頁222。
❹　《史通通釋·書事》，頁196。
❹　《史通通釋·疑古》，頁387。
❹　《史通通釋·惑經》，頁402。

小，一旦涉及君主名譽，便覺可恥隱諱不書，甚或改變事實，以致欺騙後世，此種史例，實在不少。**❹**

　　孔子修《春秋》在記載他國大事時，全憑這些國家的通告，不做求證、更動，結果依循他國之說，常將罪名強加予無辜之人，眞正有罪者又逍遙於史筆之外，許多亂臣賊子缺而不錄，實在有失懲惡勸善的功能。此外，孔子與一般人一樣不能擺脫私人的情感，著述時亦不能忘卻私念，在著述中他不斷稱美顏淵即是明顯之例。這些都是孔子史學的缺失，在本節史家品格論的範圍內，作爲史家的孔子雖仍被後世無限景慕，仍是至聖。但在嚴格意義的史家來說，孔子其實未符直道而仍有改進的餘地，但因名教之故，責備者寡鮮。

　　之後，左丘明也被賦予善評，如「至於實錄，付之丘明，用使善惡畢彰，眞僞盡露。向使孔經獨用，《左傳》不作，則當代行事，安得而詳哉？」**❹**又：「史者固當以好善爲主，嫉惡爲次。若司馬遷、班叔皮，史之好善者也；晉董狐、齊南史，史之嫉惡者也。必兼此二者，而重之以文飾，其唯左丘明乎！自茲已降，吾未之見也」**❹**，劉知幾對左丘明特別寫〈申左〉篇以譽揚之，是史家品格論中的佼佼者。

　　至漢司馬遷、班固，則《史通》多就撰史之體例、義例發

---

❹　《史通通釋・惑經》，頁402~415。

❹　《史通通釋・申左》，頁421。

❹　《史通通釋・雜說下》，頁528。

言，如評史遷於〈本紀〉不當列項羽，〈世家〉不宜述孔子、陳涉，〈列傳〉不應以伯夷、叔齊居首等等❹；評班固《漢書》之〈天文志〉「實附贅尤甚者」❺，其〈古今人表〉不符斷代體例❺，這些都未涉及史家人品，即使劉知幾合論馬、班，有云：「尋班、馬二史，咸擅一家，而各自彈射，遞相瘡痏。夫自卜者審，而自見爲難，可謂笑他人之未工，忘己事之已拙。上智猶其若此，而況庸庸者哉！」❺，筆者以爲仍屬常情，未涉品格一事。大抵劉知幾評司馬遷者，後世學者不乏起而衛護史遷，而反詆劉氏未悉史公「史意」，只就「史法」立論，祇有顯示自己淺薄而已❺；評班孟堅者，雖不少學者贊成〈古今人表〉確不符體例，然亦有如錢大昕者爲班固辯護❺，可謂莫衷一是，各有其見。以史家品格而論，司馬遷並無問題，倒是班固略有瑕疵。《史通·曲筆》篇上，記載「班固受金而始書，陳壽借米而方傳」❺，似是班固與陳壽在人品上的一大瑕疵。

---

❹ 　《史通通釋·人物》：「斷以夷、齊居首。何齷齪之甚乎？」，見頁238。

❺ 　《史通通釋·覈才》，頁249。

❺ 　《史通通釋·自敘》，頁289。

❺ 　《史通通釋·書事》，頁230。

❺ 　程千帆，《史通箋記》頁29；許凌雲，《劉知幾評傳》（南京：南京大出版社，1994），頁218-234。

❺ 　張須，《通志總序箋》（台北：商務，1965台一版），云贊同者有唐顏師古、宋黃履翁、清何焯、錢大昕、章學誠、梁玉繩等。

❺ 　《史通通釋·曲筆》，頁196，陳壽（233-297）係晉人應在下段論述，茲因原文連文故附論於此。

劉知幾甚至謂之「記言之奸賊，載筆之凶人，雖肆諸市朝，投界豺虎可也」，語氣十分嚴峻，不能不予以正視。然揆諸事實，經學者研究，「受金而始書」與「借米而方傳」皆是子虛，乃知幾之未深察。❺❻

　至魏晉（含十六國）時，王隱、虞預皆「舞詞弄札，飾非文過……用舍由乎臆說，威福行乎筆端，斯乃作者之醜行，人倫所同疾也」❺❼；王沈（？-266）、陸機（261－303），一則《魏錄》「濫述貶甄之詔」，一則《晉史》「虛張拒葛之鋒」❺❽，與前述陳壽「借米而方傳」一樣，都是奸賊凶人，殺之可也。他們都是「事每憑虛，詞多烏有；或假人之美，藉為私惠；或誣人之惡，持報己仇」，所犯錯誤皆是故意曲筆，顛倒是非，善惡不分，喪失史家的直道。以上諸人之中，尤以王沈之《魏錄》最甚。劉知幾不僅在《曲筆》篇撻伐之，更在〈書事〉篇說：

> 論王業則黨悖逆而誣忠義，敍國家則抑正順而褒篡奪，述風俗則矜夷狄而陋華夏。此其大較也。必伸以糾摘，窮其負累，雖握髮而數，庸可盡邪！子曰：「於予何誅？」於此數家見之矣。

知幾以事理乖違論述王沈之非，語氣亦重。這段話適用對象尚有

孫盛、魏收與令狐德棻之流。魏收與德棻且置後文再述，茲且再舉孫盛（302－373）述之，知幾除於〈書事〉篇述其乖違書事之理，並於〈探賾〉篇謂之：「盛既疑丘明之擯吳、楚，遂誣仲豫之抑匈奴，可謂強奏庸音，持爲足曲者也」，亦質疑孫盛直道不足。

南朝史家之中，裴子野、沈約都被劉知幾批評爲：

> 其有舞詞弄札，飾非文過，若王隱、虞預毀辱相凌，子野、休文釋紛相謝。用舍由乎臆說，威福行乎筆端，斯乃作者之醜行，人倫所同疾也。❺❾

知幾對裴子野（469－530）尚有善評，對沈約則不假辭色，在〈曲筆〉同篇，亦謂「《宋書》多妄」❻⓿，其肇因除史家才藝外，史家品格之因素居多。

北朝史家人物中，則屬北齊的魏收被劉知幾批評得最屬害。在魏收撰《魏書》始成之時，便在朝廷上引起軒然大波，以致北齊之高洋、高演、高湛三帝都不能不親自過問此事，魏收也奉詔兩度修改，但一直聚訟紛紜，不能定於一是。其中癥結在於書中對於北魏、東魏一些人物的門第、郡望、譜系、功業的記載，偶或失眞，而其子孫仍爲北齊顯宦，於是眾口喧然指摘《魏書》不實。但當時也有另類評論之聲，尚書陸操認爲魏收的《魏書》博物宏才，有大功於魏室。左僕射楊愔也曾對

---

❺❾　同❺❼。
❻⓿　《史通通釋·曲筆》，頁199。

魏收說：「此謂不刊之書，傳之萬古。但恨論及諸家枝葉親姻，過爲繁碎，與舊史體例不同耳」。

　　隋文帝時，命魏澹另撰《魏書》，改以西魏爲正統，此舉易知，蓋隋承北周，北周承西魏而來，故重修《魏書》乃爭正統而來。唐初太宗時，議修前代史，衆議魏史已有魏收、魏澹二史，遂不復修，但貞觀十年（636），李百藥修撰《北齊書·魏收傳》時，詳載《魏書》之風波，並借「諸家子孫」的口吻，把《魏書》稱爲「穢史」，此後《魏書》即與「穢史」幾乎劃上等號，說由此起。不過後來李延壽在稍後晚出的《北史·魏收傳》後之「論」裏，即推崇魏收之才學，說他「勒成魏籍，追踪班、馬，婉而有則，繁而不蕪，持論序言，鉤深致遠」又分析其書之所以引起爭議，乃是他「意存實錄，好抵陰私，至於親故之家，一無所悅，不平之議，見於斯矣」，又批評魏收「憑附時宰，鼓動淫刑」的失德行爲。可見李百藥、李延壽兩氏對魏收的認知與批評並不盡相同。

　　其後，劉知幾亦承襲「穢史」說，指斥魏收《魏書》：

　　詔齊氏，于魏室多不平，既黨北朝，又厚誣江左。性憎勝己，喜念舊惡，甲門盛德與之有怨者，莫不被以醜言，沒其善事。遷怒所至，毀及高曾。……詔收於尚書省與諸家討論。前後列訴者百有餘人。時尚書令楊遵彥，一代貴臣，勢傾朝野，收撰其家傳甚美，是以深被黨援。諸訟史者皆獲重罰，或斃於獄中。群怨謗聲不息。……

　　　武成嘗訪諸群臣，猶云不實，又令治改，其所變易甚多。

　　　由是世薄其書，號爲「穢史」。**❻❶**

劉知幾把「諸家子孫」的「眾口喧然」，改爲「由是世薄其書」，號爲穢史。再其後宋人劉攽（1023－1089）、劉恕（1032－1078）撰〈舊本《魏書》目錄敍〉，更將魏收寫成「黨齊毀魏，褒貶肆情，時論以爲不平」，「眾口沸騰，號爲穢史」**❻❷**，魏收的魏書，號爲穢史，於焉遂爲定論。之後，清趙翼、章學誠均持此論，魏收一時也翻不了身。清乾嘉時期的王鳴盛，獨對《魏書》被批評爲穢史，頗致不平之意。

　　不過，魏收引進一批沒有史才的文士，在其領導之下，利用修史職權假公濟私，作威作福，如云：「何物小子，敢共魏收作色，舉之則使上天，按之當使入地」**❻❸**，確實品格低劣。到最後，「齊亡之歲，收冢被發，棄其骨於外」**❻❹**，倒是古代史官境遇之中，相當特殊的一案例了。

　　邇來，史學界對魏收的研究已較能客觀了。周一良、張孟倫、瞿林東諸氏都有公允的評見，可資參考。**❻❺**在劉知幾的《史

---

❻❶　《史通通釋・古今正史》，頁365。

❻❷　《魏書》（台北：鼎文書局，1980）書後〈舊本魏書目錄敍〉，頁3063～3064。

❻❸　《北齊書・魏收傳》（台北：鼎文書局，1980），頁488。

❻❹　《北齊書・魏收傳》，頁495。

❻❺　周一良，〈魏收的史學〉《燕京學報》第18期（1935），內容多爲魏
　　　收辯解；張孟倫，《中國史學史》（蘭州：甘肅人民出版社，1983）
　　　上冊，頁254～257；瞿林東，《中國古代史學批評縱橫》，頁167～169。

通》裏，被批評得最差的「人評」史家人物即是魏收及其《魏書》，其次是沈約的《宋書》。在劉氏當時，正史只有十三部，《魏書》《宋書》居其末，若以後世的二十五史來論，筆者以為或當不至於殿後。然史官品格要正，要直，則是千古鐵律，不容絲毫變更。一部完整的史學批評史，都可以證明這個道理。

《史通》的〈曲筆〉說：「魏史不平」；《探賾》篇又云：「假言崔志，用紓魏羞」、「收之矯妄，其可盡言乎！」**⑥⑥**，魏收私心造言，為害歷史最烈，宜乎穢史之名。北朝人物中則闞駰為劉知幾所褒，言云：「言皆雅正，事無偏黨」**⑥⑦**，甚為難得。

逮至隋唐，李百藥（565－648）對魏收的《魏書》有善評，稱其書實錄，劉知幾則評李氏曰：「蓋以重規亡考未達伯起以公輔相加，字出大名，事同元歎，既無德不報，故虛美相酬」**⑥⑧**；另對王劭則稱其「抗詞不撓，可以方駕古人」，又說其「書法不隱，取咎當時」**⑥⑨**；至於令狐德棻（583-666）被知幾拿來與王沈、孫盛、魏收之流同論，實有點出人意料之外，一如王劭

都有較公平的評見，而《史通》各篇之中詆《魏書》者凡40條，此係傅振倫氏之統計，見其《劉知幾年譜》（台北：商務印書館，1967），頁109。

⑥⑥ 《史通通釋·探賾》，頁212-213。

⑥⑦ 《史通通釋·雜述》，頁276。

⑥⑧ 《史通通釋·曲筆》，頁198。

⑥⑨ 《史通通釋·曲筆》，頁198。

竟得知幾善評，都恐怕是知幾個人的主觀評價未得其平允所致。

　　凡上大都從《史通》的內篇抉發而論，資料仍不夠周全，但爲避開行文過於蕪雜，因而就外篇採以「表」的形式，按年代先後爲序，分先秦上古、秦漢、魏晉、南北朝，隋唐，列出劉知幾所品評的史家，及其主要內容，以利吾人系統瞭解劉氏對這些古來著名史家品格的看法，及其所評論之根據。

〈附表〉

時　代	人　物	劉　　　　評	出　　　處
上古	南史	1.南史至而賊臣書，其記事載言也則如彼，其勸善懲惡也又如此。	史官建置，303.325
		2.史之嫉惡者也。	雜說下，511.528
	董狐	史之嫉惡者也。	雜說下　511.528
	孔子	1.觀夫子修春秋也，多爲賢者諱。……情兼向背，志懷彼我。……夫非所諱而仍諱，謂當恥而無恥，求之折衷，未見其宜。	惑經，402
		2.夫子之修春秋，皆遵彼乖僻，習其訛謬，凡所編次，不加刊改者矣。何爲其間則一褒一貶，時有弛張；或沿或革，曾無定體。	惑經，407

	孔子	3.夫子之論太伯也，……云「可謂至德」者，無乃謬爲其譽乎？	疑古，391
		4.自夫子之修春秋也，蓋他邦之簒賊其君者有三，本國之弒逐其君者有七，莫不缺而靡錄，使其有逃名者。	惑經，412
		5.危行言遜，吐剛茹柔，推避以求全，依違以免禍。	惑經，413-414
	左丘明	1.夫以同聖之才，而膺受經之託。	申左，418
		2.君子之史也。	雜說下，528
		3.史者固當以好善爲主，嫉惡爲次。……必兼此二者，而重以文飾，其唯左丘明乎！	雜說下，528
秦漢	王逸（叔師）	1.多竊虛號，有聲無實。……叔師研尋章句，儒生之腐者也。……豈能錯綜時事，裁成國典乎？	史官建置，326
	劉歆	雄、歆褒美僞新，誤後惑眾，不當垂之後代者也。	古今正史，338
	揚雄	1.雄、歆褒美僞新，誤後惑眾，不當垂之後代者也。	古今正史，338
		2.鑒物有所不明。	雜說下，519
		3.鄙哉！	雜說下，520

	賈逵	撰《左氏長義》……但取悅當時，殊無足採。	申左，416
	劉向	1.故立異端，喜造奇說。 2.多肆奢言。……何其妄也。	雜說下，529 五行志雜駁，562
	司馬遷 （子長）	1.君子之史也。 2.史之好善者也。	雜說下，528 雜說下，528
	班 叔 皮 （彪）	史之好善者也。	雜說下，528
魏晉	衛覬	其書（魏書44卷）多為時諱，殊非實錄。	古今正史，346
	繆襲	其書（魏書44卷）多為時諱，殊非實錄。	古今正史，346
	韋誕	其書（魏書44卷）多為時諱，殊非實錄。	
	應璩	其書（魏書44卷）多為時諱，殊非實錄。	
	王沈	其書（魏書44卷）多為時諱，殊非實錄。	
	阮籍	其書（魏書44卷）多為時諱，殊非實錄。	
	孫該	其書（魏書44卷）多為時諱，殊非實錄。	
	傅玄	其書（魏書44卷）多為時諱，殊非實錄。	

	干寶	1.其書（晉紀22卷）簡略，直而能婉。	古今正史，350
		2.向聲背實，捨真從偽，知而故為，罪之甚者。	雜說中，482
	公師彧	公師彧……甚得良史之體。	雜說中，358
	凌修	凌修譖其（公師彧）訕謗先帝。	雜說中，358
	杜預	君子哉若人也！長者哉若人也！	雜說下，524
南朝	吳均	齊春秋30篇。其書稱梁帝為齊明佐命，帝惡其實。	古今正史，355
	沈約	多詐	疑古，394
北朝	魏收	1.收所取史官，懼相凌忽，……收詔齊氏，於魏室多不平。既黨北朝，又厚誣江左。性憎勝己，喜念舊惡，甲門盛德與之有怨者，莫不被以醜言，沒其善事。遷怒所至，毀及高曾。……詔收於尚書省與諸家討論。前後列訴者百有餘人。時尚書令楊遵彥，一代貴臣，勢傾朝野，收撰其家傳甚美，是以深被黨援。	古今正史，365

		諸訟史者皆獲重罰，或有斃 於獄中。群怨謗聲不息。…… 武成嘗訪諸群臣，猶云不 實，……由是世薄其書，號 爲「穢史」。	
		2.事有可恥者，則加減隨意， 依違飾言。……休文宋典， 誠曰不工，必比伯起魏書， 更爲良史。……是嫫母而誇 西施，持魚目而笑明月者也。	雜說中，488
		3.小人之史也。	雜說下，528
	宋孝王	其所記也，喜論人帷簿不修， 言貌鄙事，許以爲直，吾無取 焉。	雜說下，529
	王劭	1.王劭、魏澹展效於開皇之 朝……亦各一時也。	史官建置，317.324
		2.直書	忤時，591
		3.浮辭者……唯王劭所撰齊 志，獨無是焉。	雜說下，514
		4.其所記也，喜論人帷簿不修， 言貌鄙事，許以爲直，吾無 取焉。	雜說下，529
	李仁實	1.以直辭見憚，……此其善惡 尤著者也。	史官建置，318
		2.載言記事，見推直筆。	古今正史，373

隋唐	許敬宗	1.許敬宗之矯妄，⋯⋯此其善惡之尤著者也。	史官建置，318
		2.許敬宗所作紀傳，或曲希時旨，或猥飾私憾，凡有毀譽，多非實錄。必方諸魏伯起，亦猶張衡之蔡邕焉。	古今正史，373
	牛鳳及	鳳及以暗聾不才，而輒議一代大典，凡所撰述，皆素責私家行狀，而世人敘事罕能自遠。或言皆比興，全類詠歌，或語多鄙樸，實同文案，而總入編次，了無釐革。	古今正史，373
	武承嗣	史官之愚，其來尚矣。今之作者，何獨笑武承嗣而已哉！	點煩，440
	虞世南	其理並以命而言，可謂與子長同病者也	雜說上，463
	李百藥	志在文飾，⋯⋯遂使中國數百年內，其俗無得而言。	雜說中，495.499
	令狐德棻	1.周氏一代之史，多非實錄者焉。	雜說中，501
		2.周史，⋯⋯其書文而不實，雅而無檢，真迹甚寡，客氣尤煩。	雜說中，500

資料來源：《史通通釋》外篇，出處即篇名與頁數。

第三節　史家技藝論

　　技藝指史家撰史的能力與方法，若史家修史之能力與方法強者，其所修之史必善，可稱爲良史。有關技藝的理論，已見於第三章第二、三節所論，劉知幾、章學誠的有關史家技藝的主張皆是才學識（德）的三長論，三者的內容與關聯性，俱見上章。而劉知幾對才學識三長，是以比喻之法說明其意義的，章學誠則予以理論的分析入手，章學誠除了加進孔孟的事、文、義及考據、辭章、義理的內容結合劉知幾三長併論之外，他還說：「夫史有三長，才、學、識也。⋯⋯夫識，生於心也；才，出於氣也；學也者，凝心以養氣，煉識而成其才者」❼；「才須學也，學貴識也。才而不學，是爲小慧；小慧無識，是爲不才；不才小慧之人，無所不至」❼，在章學誠看來，「學」，反映史學的功力；「才」「識」反映史家的思想和創造性；「德」，反映史學的態度。他論述史家技藝的理論，確實有劉知幾所未涉及到的命意與內涵，也更加有理論和系統，確是他比較高明的地方。

　　回顧史家技藝的基礎理論是充分但不一定必要的，因爲第三章既已論述，且本節主題亦在「人評」，故才學識德的理論

---

❼　《文史通義・文德》，頁62。
❼　《文史通義・婦學》，頁176。

在此並不是最重要的，倒是歷代史家在修史技藝方面的表現，導致劉知幾、章學誠兩大批評史家是如何基於技藝而作出「人評」，才是本節要論述的重點所在。

本節如同上節一樣，並不準備全面舉例論述，只擬就具有代表性的數例，來看劉、章兩氏的「人評」定見，並就其評見，加以分析再批評。本節後面的附表，依然有其重要作用。

首就先秦上古之史家舉例來述，由於先天上先秦史料即較少，且由於上古文字使用的語法習慣，今日看來已較簡古，語意上並不如今日之精確準當，故劉知幾、章學誠沿用之以爲批評之根據所在，亦有含糊不精之處。茲舉劉知幾評上古之「史佚、倚相，譽高周楚」❼❷爲例，我們可以發現這只是粗略的總評，表示周之史佚、楚之倚相，兩位古代史官在當時享有全國的知名度，是所謂的古之良史，然具體事例則無法審知，即以本書第四章的角度來考量，究屬於品格方面呢？或是本節之技藝方面，或兩方面俱長呢？實無法進一步肯定。章學誠沿用劉知幾的說法，也說：「董狐、南史之直筆，左史倚相之博雅，其大較也」❼❸，直筆之南、董，已置於上節的範圍內列述之，而左史倚相之博雅，略可置於此節輕論，因其博雅，代表才、學兩長的肯定。

對孔子而言，劉知幾謂其「修春秋也，乃觀周禮之舊法，

---

❼❷　《史通通釋·史官建置》，頁304。
❼❸　《史通通義·和州志前志列傳序列》，頁416。

遵魯史之遺文；據行事，仍人道；就敗以明罰，因興以立功；
假日月而定曆數，籍朝聘而正禮樂；微婉其說，志晦其文；爲
不刊之言，著將來之法，故能彌歷千載，而其書獨行」❼，是
相當正面的評價，然劉知幾就事論事，就史法論技藝，則孔子
在撰述方法技巧上亦有若干缺失，則請參閱後面附表所列四
則，即可概觀，茲可省略，以免雜遝。至於章學誠崇儒尊孔，
就孔子所刪之《尚書》，評爲「體圓用神」，對《春秋》則評
曰「史學之本原」，前者寫有〈書教〉上中下三篇申論其說，
後者雖未寫有〈春秋教〉❼，但《文史通義》各個篇章論及《春

---

❼ 《史通釋評‧六家》，頁7。另〈自敘〉篇亦云：「昔仲尼以睿聖明哲，
　天縱多能，睹史籍之繁文，懼覽者之不一，刪《詩》爲三百篇，約史
　記以修《春秋》，贊《易》道以黜八索，述《職方》以除九丘，討論
　墳、典，斷自唐、虞，以迄於周。」。

❼ 章學誠何以未寫〈春秋教〉，討論者甚多。內藤湖南認爲〈春秋教〉
　已在〈書教〉中論及，故無需再另撰〈春秋教〉了。見內藤湖南，〈章
　學誠の史學〉，《支那史學史》（東京：弘文堂書房，1949），頁624。
　之後高田淳亦持內藤氏說法，見其，〈章學誠の史學思想について〉，
　《東洋學報》第47卷，頁66~67。錢穆則以爲章學誠認定孔子「有法無
　位，不能制作」，不能肯定孔子和《春秋》的關係，故有理論上的困
　難，所以未能下筆，說見氏著，〈孔子與《春秋》〉，《兩漢經學
　今古文平議》（台北：東大圖書公司，1989），頁270。余英時則未同
　意內藤與高田兩氏的說法，認爲是學誠受到「權威主義」的影響所致，
　見氏著，《論戴震與章學誠》，頁77~78，註15條所云。周啓榮則認爲
　《春秋》乃孔子吸收六藝而集大成，已經包含有諸經的特色，因而沒
　有寫〈春秋〉的必要了。參氏著，〈史學經世：試論章學誠《文史通
　義》獨缺〈春秋教〉的問題〉，《台灣師大歷史學報》第18期（1990.6），

秋》者頗多，且無訾言。

　　就左丘明而說，劉知幾評其寫《左傳》：「其言簡而要，其事詳而博，信聖人之羽翮，而述者之冠冕」⓰；又：「若斯才者，殆將工侔造化，思涉鬼神，著述罕聞，古今卓絕」⓱，可謂極讚其技藝之佳，至所謂「將工侔造化，思涉鬼神」之善譽。不特如是，知幾還在《史通》外篇，專撰〈申左〉揚之，這是歷代史家品評當中，少有的待遇。丘明有知，或當自慶。章學誠對左氏，則亦多善評，有云：「左氏體直，自為編年之祖」⓲等等，學誠對古人之批評，往往不如知幾之烈之苛，他往往從不同的方向思考，而別有所見，終致成其史學批評理論體系。比如前文談才、學、識時，以凝心養氣來比論之；又譬如劉知幾在〈載言〉篇所主張史書應有章表書，在章學誠看來卻是：「劉知幾嘗患史策記事之中，忽然長篇文筆，欲取君上詔誥，臣工奏章，別為一類，編次紀傳史中，略如書志之各為篇目，是劉亦知《尚書》轉入《春秋》矣」。⓳劉知幾在史法

頁175~178。上述對權威主義的說法，可參倪文森（D.S. Nivison）專書（請參參引書目西文部分），頁17，149~150。戴密微、余英時皆沿用此說。除周啟榮外，白安理（U. Bresciani）則反對此說，可參白氏，《西方漢學家研究文史通義的商兌》（台北：台大中文所博士論文，1983，未刊）第二章第一節，頁31~62。

⓰　《史通釋評·六家》，頁11。
⓱　《史通釋評·雜說上》，頁559。
⓲　《文史通義·書教下》，頁13。
⓳　《文史通義·書教中》，頁10。

上針對修史的實際需要，批評古史無載言專冊，故從而主張「宜
於表志之外，更立一書」·題為「制冊」以類區別❽，在章學誠
卻看成是「《書》亡而後《春秋》作」的史學史體流變中的一
種過程。❽故章學誠的收穫，往往跟劉知幾從純粹的批判中冶
煉而得是不同的成果，然其於史學理論或批評體系上卻有更高
的成就。

　　至秦漢時，劉知幾對太史公實際亦讚賞多於貶抑。在技藝
方面，茲舉一、二例說明之。如「《史記》者，紀以包舉大端，
志以總括遺漏，逮於天文、地理、國典、朝章，顯隱必該，洪
纖靡失，此其所以為長也；若乃同為一事，分在數篇，斷續相
離，前後屢出，……此其所以為短也」❽，此就體裁而作的批
評，頗符實情。又：「創表，……使讀者閱文便睹，舉目可詳」
❽，確是史遷在歷史編纂學上的一大貢獻。至於劉氏認為司馬
遷用〈本紀〉記天子，諸侯則入〈世家〉，基本上是贊同的，
唯於項羽本紀、陳勝世家有相當的惡評，唐代以後，此類爭論
已多❽，本文不擬在此詳論，大致護衛史公者，多批評劉知幾

---

❽　　《史通釋評·載言》，頁43。

❽　　《文史通義·書教上》，頁8。

❽　　《史通釋評·二體》，頁36。

❽　　《史通通釋·雜說上》，頁466。

❽　　唐代以後學者爭議較多，吾人則可參程千帆，《史通箋記》（北京：
　　　中華書局，1980），頁29~30。張舜徽，《史學三書平議》（北京：中
　　　華書局，1983），頁10~20。

淺薄,未深悉史公旨意;贊同者,則以劉氏所言有理,蓋項羽、陳勝非眞正之王、侯。用最簡單淺顯的話來說,贊同史公與贊同劉知幾,其實用本書兩位主角的「史意」與「史法」說,即可說明清楚。史公的「史意」,決非劉知幾的「史法」可以牢籠的,一在內在精神、史學宗旨的層面著眼,一在外在歷史編纂學層面立言,可說各有立場,不同標準,其間並無絕對的對錯是非可言。

至於爲《史記》補綴的褚少孫,在巨星當前之下,他被批評爲「辭多鄙陋」[85],顯係史才,特別指撰文之文采,有所不足。

就班固及其《漢書》而言,基本上,劉知幾主斷代,對其書頗有好評,在〈採撰〉篇有云:「自太初已後,又雜引劉氏〈新序〉、〈說苑〉、〈七略〉之辭。此並當代雅言,事無邪僻。故能取信一時,擅名千載」;〈論贊〉篇又云:「孟堅辭溫雅,理多愜當。其尤美者,有典誥之風,翩翩奕奕,良可詠也」,皆表示對班固之史才的肯定。即使如此,劉知幾在外篇還是立了專篇〈漢書五行志錯誤第十〉述其書牴牾蕪累,並定爲四科曰:「一曰引書失宜。二曰敘事乖理,三曰釋災多濫,四曰古學不精」。章學誠對班書則稱其書是「方以智」但仍帶「圓而神」,仍是「撰述」之業,稱得上是「史學」之作。基本上,予《漢書》高評。

---

[85] 《史通通釋‧古今正史》,頁337。

　　循此以下迄於魏晉南北朝，本文再舉少數有名史家做例。如晉陳壽（233－297）修《三國志》事，可論者有二：㈠、壽書「載孫、劉二帝，其實紀也，而呼之曰傳。考數家之所作，其未達紀、傳之情乎？」⑯，知幾批評陳壽《國志》載孫吳、劉蜀之帝應入本紀，卻寫成列傳，不達史意。其評似亦有理，然若考慮陳壽本蜀漢之人，入魏晉，尤其於晉武帝年間撰述《三國志》，則陳壽以魏爲正統，稱述吳蜀之帝於列傳之中，其情可愿。然知幾以史法糾之，不問其他，亦可知其執法甚嚴。不僅陳壽如此，范曄的《後漢書》，把后妃、六宮列爲本紀，也被劉知幾糾彈，以爲應入列傳才對⑰，其他魏收立傳，黜陟不公；牛弘撰史，愛憎無準，都被知幾議評一番，以爲不得史體。

　　㈡、《三國志》一般被肯定爲「銓敍可觀，事多審正」，章學誠對前四史，含《國志》在內，都認爲是撰述之業，不是記注之書。然其書「失在於略，時有所脫漏」確爲其弊，故宋文帝命裴松之（372－451）注其書，因而裴氏乃以「補闕」、「備異」、「懲妄」、「論辨」之法，詳細注解《三國志》，注解文字有52萬字之譜，超出原書兩倍多，引述資料，依趙翼認眞鉤稽，亦有151種之多，對《三國志》原書的幫助不可謂

---

⑯　《史通釋評·列傳》，頁47。

⑰　《史通通釋·列傳》，頁47。其實皇后作紀本不自范曄始，華嶠作《漢後書》97卷，其中帝紀12卷，后紀2卷，係最早爲后妃立紀者。其後尚有王隱《晉書》，亦在范書之前立有后紀。詳見程千帆，《史通箋注》，頁35。

不大。然觀劉知幾的評價則是：「次有好事之子，思廣異聞，而才短力微，不能自達，庶憑驥尾，千里絕羣，遂乃掇眾史之異辭，補前書之所闕。若裴松之《三國志》……之類是也」。⑱大致而言，只有最後一句話是肯定「補闕」的作用，但在整體的看法上，他是持否定的批評態度的。然而，在唐代的劉知幾距離南朝劉宋之時，時間上並不久遠，裴松之引用徵實的資料，劉知幾或尚可看到，固嫌其補注太過繁冗。然截至近代，裴氏所引之書，率多散佚，不得復見，裴注無形中保存舊有史料，貢獻變大，則是劉知幾所未預見。至於裴注的補注方法，不依舊書之訓詁章句，而採以史實史料作注，其法爲前所未有，知幾未見，實亦其失。

再者，劉氏詬評此期的沈約、魏收亦厲。《史通·採撰》篇有云：

> 沈氏著書，好誣先代，於晉則故造奇說，在宋則多出謗言，前史所載，已譏其謬矣。而魏收黨附北朝，尤苦南國，承其詭妄，重以加諸。遂云馬叡出於牛金，劉駿上淫路氏，可謂助桀爲虐，幸人之災。尋其生絕胤嗣，死遭剖斲，蓋亦陰過之所致也。

在史學方法上的搜輯資料來言，沈約喜造奇說，稱元帝牛金之子，以應牛繼馬後之徵。而魏收深嫉南朝，幸書其短，尤其他

---

⑱ 《史通通釋·補注》，頁132。

身在北朝，無所顧忌，則己甚之辭，轉加變厲。從探撰的角度看，不符客觀實證的原則，尤其魏收在南北對峙之時，刻意醜化南朝，立破異情，主客相非，似比沈約更遜一籌，是以其書，世人目爲穢史，殆非偶然。**❽⑨**

另外，在〈序例〉篇上，劉知幾評「魏收作例，全取蔚宗，貪天之功，以爲己力，異乎范依叔駿，班習子長。嘆袂公行，不陷穿窬之罪也？」劉知幾對序例的寫法，強調二點，一是要在「詞煩而寡要」的情況，二是有例不依的情況，並說例不可破，法不可違。若以古人爲師，則亦不可隱瞞，然魏收撰寫的史學體例，全部取自范曄（398－445），卻貪爲己有，故知幾嚴評之。此則不僅攸關史家技藝，更有關於上節的史家品格。唯在〈論贊〉篇中有云：「魏收稱爾朱可方伊、霍，或言傷其實，或擬非其倫」一語，劉知幾言魏收言過其實，雖亦合理，但亦有謂是劉知幾誤解魏收原意，以至發難的。**❾⓪**

在魏晉南北朝的史家中，在修史技藝方面被惡評的，大致還有丁孚、王沈、車頻、阮籍、皇甫謐、韋誕、傅玄、葛洪、嵇康、衛覬、應璩、繆襲、吳均、張勱、陸瓊、劉義慶、刁柔、宋孝王、辛元植、崔鴻等等；善評者，則有干寶、王銓、王隱、公師彧、杜預、華嶠、董統、何法盛、裴子野、柳虯等等。其

---

❽⑨　張舜徽，《史學三書平議》，頁55。
❾⓪　程千帆，《史通箋記》，頁53。文中舉《四庫提要》卷45〈魏書條〉及周一良，〈魏收之史學〉之論述，可參。

人其事略可見諸本節最後所附之表，茲不能一一敘之。

最後再及隋唐史家。大抵劉知幾對此期的王劭頗多好評，如〈敘事〉篇謂之：「近有裴子野《宋略》，王劭《齊志》，此二家者，並長於敘事，無愧古人。……君懋志存實錄，此美惡所以為異也」，又〈載文〉篇：「為王劭撰齊、隋二史，其所取也，文皆詣實，理多可信，至於悠悠飾詞，皆不之取。此實得去邪改正之理，捐華摭實之義也」，然由魏徵（580－643）的《隋書·王劭傳》看來，其喜以陰陽符瑞之說，諂媚隋文帝，所言亦多怪迂奇異之事看來，其史家技藝似也不高，其品格若時常諂媚君王以獲得利祿來看，則劉知幾所說的「志存實錄」，不能不讓人持幾分懷疑，此即後世史家大都批評劉知幾偏好王劭，導致變成《史通》之微疵。至於魏澹、劉炫（c.546－c.613）、諸葛穎（539－615）大致亦有好評。

至唐朝當代則李仁實、敬播一以「直辭見憚」（李），一以「敘事推工」（敬），令狐德棻、于志寧（580－665）之撰國史，「時有可觀」。其餘如許敬宗、牛鳳及等人則是惡評，如許氏被比喻成魏收之流，牛鳳及則是「發言則嗤鄙怪誕，敘事則參差倒錯。故閱其篇第，豈謂可觀；披其章句，不識所以。由是皇家舊事，殘缺殆盡」 ❾，顯然史家技藝不足。

劉知幾對唐初史家批評者多，褒獎者少，大抵對其同道諸友如朱敬則、徐堅、吳兢以及其從祖劉胤之都有善評，但總體

---

❾　《史通通釋·古今正史》，頁331~374。

來言，知幾的評價仍然不高，這是由於唐初史館招致不少文士修史，由於這些文士只有文采可言，銓綜之識全無，故不得史法，不達史體，以致所修諸史，已不能上比私家撰述的《史記》《漢書》了。章學誠更慨嘆中國史學，唐後已絕。章學誠不再看好官修歷史，他對韓愈、歐陽修所修之史，皆予低評，但對鄭樵（1104-1162）的私家著述《通志》則予以高評，曰：「鄭氏《通志》，卓識名理，獨見別裁，古人不能任其先聲，後代不能出其規範；雖事實無殊舊錄，而辨名正物，諸子之意寓於史裁，終爲不朽之業矣」❷；對當時清代大儒戴東原（1722-1777）亦予以善評，認爲：「戴君學問，深見古人大體，不愧一代鉅儒」❸，他對學識俱佳，能成獨斷一家之學的學者史家，都會予以高評。

　　總之，劉、章兩氏衡量史家史著的高低，必以其才、學、識（德）之三長論做爲標準，以上林林總總之史家，都難逃兩氏之評斷，其評斷實甚有益於後世史學的發展。

---

❷　《文史通義·釋通》，頁134。

❸　《文史通義·書朱陸篇後》，頁58~59。《章學誠遺書》本，頁16。

〈附表〉：

時代	人　物	劉　　　評	出　　處
上古	孔子	1.孔父截翦浮詞，裁成雅誥，去其鄙事，直云慚德，豈非欲滅湯之過，增桀之惡者乎？	疑古，387
		2.國家事無大小，苟涉嫌疑，動稱恥諱，厚誣來世，悉獨多乎！	惑經，405
		3.夫子之修春秋，皆遵彼乖僻，習其訛謬，凡所編次，不加刊改者矣。何爲其間則一褒一貶，時有弛張；或沿或革，曾無定體。	惑經，408
		4.夫子之所修者，但因其成事，就加雕飾，仍舊而已，有何力哉？加以史策有闕文，時月有失次，皆存而不正，無所用心。	惑經，411
		1.夫以可除而不除，宜取而不取，以斯著述，未睹厥義。	雜說上，458
		2.創表，……使讀者閱文便睹，舉目可詳。	雜說上，466
		3.自敍如此，何其略哉！……令讀者難得而詳。	雜說上，460
		4.敍傳也，始自初生，及乎行	雜說上，469

	司馬遷， （史公）， （史遷）， （太史公）	歷，事無巨細，莫不備陳， 可謂審已。而竟不書其字！ 5.識有不該，思之未審。 6.司馬遷、習鑿齒之徒，皆採 爲逸事，編諸史籍，疑誤後 學，不其甚邪！ 7.「約其辭文，去其煩重。」…… 「其文約，其辭微。」觀子 長此言，實有深鑒。及自撰 《史記》，榛蕪若此，豈所謂 非言之難而行之難乎？	雜說上，461.463 雜說下，521 點煩，445
秦漢	褚先生	褚先生更補其缺，……辭多鄙 陋，非遷本意也。	古今正史，337
	劉珍	劉、曹二史皆當代所撰，能成 其事者，蓋唯劉珍、蔡邕、王 沈、魚豢之徒耳。	史官建置，326
	蔡邕	劉、曹二史，皆當代所撰，能 成其事者，蓋唯劉珍、蔡邕、 王沈、魚豢之徒耳。	史官建置，326
	班固	1.紀、志所言，前後自相矛盾 　者矣。 2.仍其本傳，了無損益……致 　守株。 3.同理異說，前後自相矛盾。 4.錯綜乖所，分布失宜。	雜說上，466 雜說上，469 雜說上，472 雜說下，507

		5.略大舉小，其流非一。	雜說下，508
		6.科條不整，尋繹難知。	五行志錯誤，539
	曹　大　家 （班昭）	曹大家博學能文。	古今正史，339
	陸賈	……尤劣者，方諸前代，如陸 賈、褚先生之比歟！	雜說中，477
	劉向	1.及自造洪範、五行，及新序、 　說苑、列女、神仙諸傳，而 　皆廣陳虛事，多構僞辭。…… 　後生可畏，何代無人，而輒 　輕忽若斯者哉！……故爲異 　說，以惑後來，則過之尤甚 　者矣！	雜說中，516.517
		2.事寔懸殊，言何倒錯？	五行志雜駁，558
		3.輕引災祥，用相符會。白圭 　之玷，何其甚歟？	五行志雜駁，565
	魚豢	劉、曹二史，皆當代所撰，能 成其事者，蓋唯劉珍、蔡邕、 王沈、魚豢之徒耳。	史官建置，326
	王沈	劉、曹二史，皆當代所撰，能 成其事者，蓋唯劉珍、蔡邕、 王沈、魚豢之徒耳。	史官建置，326
	阮籍 （嗣宗）	多竊虛號，有聲無實。……嗣 宗沉湎麴蘗，酒徒之狂者也。 豈能錯綜時事，裁成國典乎？	史官建置，326

	華嶠	自斯已往，作者相繼，……推其所長，華氏居最。	古今正史，342
	丁孚	孚、峻俱非史才，其文不足記錄。	古今正史，346
	項峻	孚、峻俱非史才，其文不足記錄。	古今正史，346
	王隱	1.隱，博學多聞……西都事跡，多所詳究。	古今正史，350
		2.隱雖好述作，而辭拙才鈍。……章句混漫者，必隱所作。	古今正史，350
	王銓	王銓有著述才。	古今正史，349
	董統	慕容垂稱其敘事富贍，足成一家之言。但褒述過美，有慚董、史之直。	古今正史，358
	車頻	（吉）翰乃啟頻纂成其書〔前秦史〕，……而年月失次，首尾不倫。	古今正史，359
魏晉	檀（道鸞）	王、檀著書，是晉史之尤劣者……道鸞不揆淺才，好出奇語，所謂欲益反損，求妍更媸者矣。	雜說中，477
	習鑿齒	詞人屬文，……僞立客主，假相酬答。……司馬遷、習鑿齒之徒，皆採爲逸事，編諸史籍，	雜說下，521

		疑誤後學，不其甚邪！	
	稽康	1. 以園吏之寓言，騷人之假說，而定爲實錄，斯已謬矣。	雜說下，522
		2. 夫識理如此，何爲而薄周、孔哉？	雜說下，523
	葛洪	故立異端，喜造奇說	雜說下，529
南朝	何氏（法盛）	東晉之史，作者多門，何氏中興，實居其最。	雜說中，477
	臧氏（榮緒）	夫識事未精，而輕爲著述，此其不知量也。	雜說中，478
	張勔	抄撮晉史，……不從沙汰，最又甚矣。	雜說中，478
	裴 幾 原（子野）	芟煩撮要，實有其力。而所錄文章，頗傷蕪穢。不加銓擇，豈非蕪濫者邪？	雜說中，484.485
	沈約（休文）	1. 修文宋典，誠曰不工。	雜說中，488
		2. 沈約晉書，喜造奇書。	雜說中，490.491
		3. 錯綜乖所，分布失宜。	雜說下，507
		4. 故立異端，喜造奇說，……甚也	雜說下，529
北朝	刁柔	刁、辛諸子並乏史才，唯以仿佛學流，憑附得進。	古今正史，365
	辛元植	刁、辛諸子並乏史才，唯以仿佛學流，憑附得進。	古今正史，365
	蘇綽	綽文雖去彼淫麗，存茲典實。	雜說中，501

		而陷於矯枉過正之失，乖夫適俗隨時之義。	
隋唐	牛弘	牛弘追撰……略敘紀綱，仍皆抵忤。	古今正史，369
	于志寧	因其舊作〔唐國史〕，綴以後事，……雖云繁雜，時有可觀。	古今正史，373
	牛鳳及	其有出自胸臆，申其機杼，發言則嗤鄙怪誕，敘事則參差倒錯。故閱其篇第，豈謂可觀；披其章句，不識所以。既而悉收姚、許諸本，欲使其書獨行。由是皇家舊事，殘缺殆盡。	古今正史，374
	王劭（君懋）	1.載齊言也，則淺俗如彼，其載周言也，則文雅若此。	雜說下，510
		2.浮辭者……唯王劭所撰齊志，獨無是焉。	雜說下，514.515
		3.其所記也，喜論人帷簿不修，言貌鄙事，訐以爲直，吾無取焉。	雜說下，529

資料來源：同上節附表。二附表係筆者訂下「人評」一目，由研究生助理卓季志君幫忙整理《史通》之外篇而成，特此誌謝。內篇亦可採此法羅列成表，唯本章以內篇爲主，採述文字分析，外篇則期收便覽通觀之效。

小　結

　　以上本章分三方面探討劉、章兩氏對傳統史家的「人評」，在第一節「史家人格類型論」之中，將古來史家以人格特質分類為五：社會型（social）、倫理型（ethic）、民族型（national）、管理型（managing）及學術型（academic），以史料為主，看劉知幾、章學誠對這五類的代表性史家有何批評？經過本文之析述，發現史家人格之類別與其時代背景及生平志趣有很大關聯。劉、章的批評，頗能審度時勢和察覺前人史家撰述的苦心，也就是說劉、章甚能把握其所要批評的對象的客觀環境和主觀之意圖，而就事論事，他們的史學批評達到知人論世的效果。

　　第二節「史家品格論」則以劉知幾的「直道」和章學誠的「心術」為底蘊，換言之，即以劉、章兩家的三長論中的識、德為主，考察先秦以迄於隋唐的著名史家，若史家識、德皆不足，如唐初許敬宗撰史「曲希時旨」、「猥飾私憾」，結果被劉知幾評為「凡有毀譽，多非實錄」❾❹；又有統治者如劉聰之誅公師彧、石虎之刊削國史、符堅怒焚其國史，以及拓跋燾之誅崔浩、夷三族、殺同作、廢史官都使歷史真相蒙蔽，有害史實的理解。劉知幾、章學誠對此等品格之史家乃至君相，其批評都是相當嚴肅而有力量的。

---

❾❹　《史通通釋·古今正史》，頁373。

　　第三節「史家技藝論」即以劉、章兩氏之三長論中的才、學兩長爲主發論，這兩者多顯現在方法論的層面，如史料的搜集、整理、運用和撰筆的能力和文采兼顧，都是劉、章下評斷考慮的要點，如阮籍、稽康乃至唐初史館之中的文士，劉知幾的批評「嗣宗沉湎麴蘗，酒徒之狂者也，豈能錯綜時事，裁成國典乎？」❾⑤，批評稽康：「以園吏之寓言，騷人之假說，而定爲實錄，斯已謬矣」❾⑥等等，皆見文人之識與史氏之識是無法一致的，是知僅有才、學依然不足，須有銓綜之識，始足爲良史。然世之良史，正如劉知幾回答當時禮部尙書鄭惟忠的話，本是極少，所以劉、章兩氏從史家技藝層面批評傳統史家者，因而充斥兩氏之書。

　　由「人評」此章，足證劉、章既是史學家、史學理論家，當然更是史學批評家。透過他們「人評」的批評，確實發現中國傳統史學中豐富的批評史學內容和遺產。

---

❾⑤　《史通通釋·史官建置》，頁326。
❾⑥　《史通通釋·雜說下》，頁522。

第五章　結　論

　　史學透過批評，可以達到反省批判、繼承創新的效果，從而提昇整個史學成就及研究水平，並促進史學的發展與進步。中國自古以來史學批評的發展，即代有其人，相互傳承，構成一綿延不絕的優良傳統。

　　劉知幾、章學誠是中國傳統史學兩位傑出的史學理論家，也是極為優秀的史學批評家。他們分別在8世紀和18世紀寫出《史通》和《文史通義》，對以往的傳統史學之理論、方法論，作出總結性的批判，一方面深刻地反映了傳統史學自身發展的要求，一方面也在史學上產生重大影響的成果。因此，堪稱為史學理論上或史學批評上的兩大珠璧。

　　史學批評的目的，是為了鑒別歷史撰述在史實、思想、體裁、體例、文字敘述及文采等方面的是非對錯與高下優劣，考察史家的素養、職責和成就，探索史學在社會中究竟具有何種作用與影響，來辨明得失，總結經驗並推進史學的發展。劉知幾在《史通·自敘》篇說：「《史通》之為書也，蓋傷當時載筆之士，其義不純。思欲辨其指歸，殫其體統」，又云：「夫其為義也，有與奪焉，有褒貶焉，有鑒誡焉，有諷刺焉。其為貫穿者深矣，其為網羅者密矣，其所商略者遠矣，其所發明者

多矣」。章學誠也說他的《文史通義》議論廣闊,「爲千古史學闢其蓁蕪」。❶他們的這些話,或有自我標榜之嫌,但實際由其書中所論,可以感受到字裏行間充滿誠懇願望、良苦用心,他們都用史學批評達到他們所欲達到的崇高目標。

在達到崇高目標的路徑與方向上,劉知幾採用比較的方法而作廣泛的史學批評,他用此法評論前史得失,滲透佈滿於《史通》全書。如他一開頭即論述編年、紀傳「二體」而說:「惟此二家,各相矜尚,必辨其利害,可得而言之」,他很清楚二體在「各相矜尚」之下,唯有通過比較才能「辨其利害」,最後他歸結說:「欲廢其一,固亦難矣」。劉知幾在運用比較法品評前史之時,有一顯著特點即能做到論述縱橫,通達自如,予人以開闊的視野和流暢的動感。❷如他評論歷代史家的「論贊」說:

> 必尋其得失,考其異同,子長淡泊無味,承祚懦緩不切,賢才間出,隔世同科。孟堅辭惟溫雅,理多愜當。其尤美者,有典誥之風,翩翩奕奕,良可詠也。仲豫義理雖長,失在繁富。自茲以降,流宕忘返,大抵皆華多於實,理少於文,鼓其雄辭,誇其儷事。必擇其善者,則干寶、范曄、裴子野是其最也,沈約、臧榮緒、蕭子顯抑其次也,孫安國都無足採,習鑿齒時有可觀。若袁彥伯之務

---

❶　《文史通義·與汪龍莊書》,頁329。

❷　瞿林東,《中國古代史學批評縱橫》,頁129。

飾玄言，謝靈運之虛張高論，玉卮無當，曾何足云！王
劭志在簡直，言兼鄙野，苟得其理，遂忘其文。觀過知
仁，斯之謂矣。❸

讀來確實感受到其議論風發，縱橫馳騁。章學誠亦通過比較法，
對《史記》、《漢書》加以比較，提出分史學爲撰述、記注兩
大宗門的理論；通過對各家通史的比較，得出四種通史的特色
和功用；又拿自己本人與劉知幾作比較，提出「史法」與「史
意」兩大史學宗旨；他還透過對於「史德」「心術」的分析，
提出文士之識與史氏之識的不同，從而開展劉知幾首倡史才三
長論的史學批評理論等等，都說明比較法亦在章學誠的史學批
評理論的發展上，佔有重要的份量。雖兩氏不止使用比較法，
尚有其他方法可以運用，但無疑的此法居於樞紐的位置。

　　史學的發展與進步，與史學批評的關係非常密切，證諸本
書所探討的兩位史家，他們的史學批評活力旺盛，最後其批評
的言論主張，自成體系，竟成他們的專門獨斷之學，一家之言，
套句兩氏的用語，皆成「後來筆」的「撰述」之業而永垂史傳，
流芳百世。本書析述他們的批評史學，希望在〈人評〉、〈事
評〉、〈史評〉的三種架構之下，盡量將其史學見解，高論深
旨，抉發而出，結果發現雖然〈人評〉一章僅評史家，不及歷
史君王宰臣之人物；〈事評〉也僅就兩位史家所共同曾經遭遇

---

❸　《史通釋評・論贊》，頁100。

的課題來論，不及一般所謂的歷史事件之評述；〈史評〉也專就史學理論層面範圍之內的一些內容來論，不及旁餘，但累積之史學觀點的發揮、人物史家品格高低上下、修史技藝好壞優劣，已是相當豐富可觀。

　　儘管如此，筆者以為批評史學的範圍還非常廣闊，可以在這個脈絡下繼續探討的主題也還非常多，絕對不是《史通》和《文史通義》所可代替的。即使有關劉、章兩氏的這兩部書或其批評史學，也還可在不同的思考角度，不同的理論架構下，繼續做深入的探索及研究。筆者敬祈史學同道先進，為此向未充分顯露的史學寶藏，努力發掘，全力以赴。傳統史學的光華，必定會盡現，照耀溫暖世人之心，益於世道。然只此兩家，亦足以讓西方正統史家正視中國的傳統史學，尤其批評史學了。

參引書目

一、中文部分：以姓氏筆畫排列爲序

（一）史料古籍

王欽若等，《冊府元龜》，台北，中華書局影明初刻本，1967。

王溥等，《唐會要》，台北，商務印書館，國學基本叢書，1968，
　　台一版。

王鳴盛，《十七史商榷》，台北，大化書局，1977。

王應麟，《玉海》，台北，華文書局景印，1964。

————，《困學紀聞》，台北，商務印書館，1983。

永瑢等，《四庫全書總目》，台北，台灣藝文印書館，1989。

司馬遷，《史記》，台北，鼎文書局，1986，三版。

全祖望，《鮚埼亭集》，台北，台灣商務印書館，1968。

朱彝尊，《曝書亭集》，台北，台灣商務印書館，1968。

————，《經義考》，台北，台灣商務印書館，1983。

李昉等，《文苑英華》，台北，華文書局，1967。

李慈銘，《越縵堂讀書記》，台北，世界書局，1975。

宋濂等，《元史》，台北，鼎文書局，1980。

長孫無忌等，《隋書經籍志》，台北，台灣藝文印書館，百部
　　叢書，1966。

紀昀，《史通削繁》，台北，廣文書局，1963；台南，金川出
　　版社，標點本，1978。

胡應麟，《少室山房筆叢》，台北，台灣商務印書館，景印文
　　淵閣四庫全書本，1983。

晁公武，《郡齋讀書志》，台北，商務印書館，1968。

脫脫，《宋史》，台北，鼎文書局，1979。

莊季裕，《雞肋編》，台北，台灣商務印書館，景印文淵閣四
　　庫全書本，1983。

章學誠，《章氏遺書》，台北，漢聲出版社，1973；北京，文
　　物出版社，1985。

───，《文史通義》新編本，台北，華世出版社，1980。

───，葉瑛校注，《文史通義校注》，北京，中華書局，1983。

陳邦瞻，《宋史紀事本末》，台北，三民書局，1957。

逯耀東，《勒馬長城》，台北，言心出版社，1977。

───，《魏晉史學的思想與社會基礎》，台北，東大圖書公
　　司，2000，

焦竑，《焦氏筆乘》，上海，古籍出版社，1986。

董誥等，《欽定全唐文》，台北，匯文書局景清刊本，1961。

趙翼，《廿二史箚記》，台北，世界書局，1988，十版。

劉知幾，浦起龍釋，《史通通釋》，上海，古籍出版社，1978。

———，呂思勉評，《史通釋評》，台北，華世出版社，1981。

———，張振珮箋注，《史通箋注》上下冊，貴陽，貴州人民
出版社，1985。

———，趙呂甫注，《史通新校注》，重慶，重慶出版社，1990。

劉煦等，《舊唐書》，台北，鼎文書局，1978。

鄭樵，《通志略》，台北，里仁書局，1982。

———，《夾漈遺稿》，台北，商務印書館，景印文淵閣四庫
全書本，1983。

錢大昕，《廿二史考異》，台北，樂天出版社，1971。

———，《十駕齋養新錄》，台北，世界書局，1977。

———，《潛研堂文集》，台北，商務印書館，1968。

（二）近人專著

尹達主編，《中國史學發展史》，河南，中州古籍出版社，1985。

王義良，《章實齋以史統文的文論研究》，高雄，復文圖書出
版社，1995。

未著撰者，《怎樣讀史書》，台北，學海出版社，1990。

甲凱，《史學通論》，台北，台灣學生書局，1985。

白壽彝，《中國史學史》第一冊，上海，人民出版社，1986。

朱希祖，《中國史學通論》，台北，莊嚴出版社，1977。

李宗侗，《中國史學史》，台北，中華文化出版事業委員會出
版，1953。

———，《史學概要》，台北，正中書局，1968。

何炳松，《何炳松論文集》，北京，商務印書館，1990。

呂思勉、何炳松，《歷史研究法兩種》，台北，華世出版社，1974。

呂思勉，《史通評》，台北，商務印書館，1971，台二版。

余英時，《歷史與思想》，台北，聯經出版事業公司，1976。

———，《論戴震與章學誠》，台北，華世出版社，1980。

余嘉錫，《余嘉錫論學雜著》，台北，河洛出版社，1976。

———，《四庫提要辨證》，北京，中華書局，1980。

杜維運，《清代的史學與史家》，台北，台大文史叢刊，1962。

———，《史學方法論》，台北，華世出版社，1979。

———等編，《史學方法論文選集》，台北，華世出版社，1979。

———，《聽濤集》，台北，弘文館出版社，1985。

———，《中西古代史學比較》，台北，東大圖書公司，1988。

吳澤主編，《中國史學史論集》一、二冊，上海，人民出版社，1980。

吳天任，《章實齋的史學》，台北，台灣商務印書館，1979。

金靜庵，《中國史學史》，台北，鼎文書局，1974排印本。

林時民，《劉知幾史通之研究》，台北，文史哲出版社，1987。

———，《史學三書新詮－以史學理論為中心的比較研究》，台北，台灣學生書局，1997。

洪業，《洪業論學集》，台北，明文書局，1981。

胡適著，姚名達訂補，《章實齋先生年譜》，台北，台灣商務

印書館，1973，台二版。

姚松，《史通全譯》，貴陽，貴州人民出版社，1997。

柴德賡，《史學叢考》，北京，中華書局，1982。

倉修良，倉曉梅，《章學誠評傳》，南寧，廣西教育出版社，
　　1996。

倉修良，葉建華，《章學誠評傳》，南京，南京大學出版社，
　　1996。

許冠三，《劉知幾的實錄史學》，香港，中文大學出版社，1983。

許凌雲，《讀史入門》，北京，北京出版社，1989。

———，《劉知幾評傳》，南京，南京大學出版社，1994。

喬衍琯，《文史通義：史筆與文心》，台北，時報出版公司，
　　中國歷代經典寶庫本，1987。

梁啓超，《中國歷史研究法附補編》，台北，台灣中華書局，
　　1973，台十版。

———，《中國近三百年學術史》，台北，華正書局，1974，
　　台一版。

黃雲眉編，《清邵二雲先生晉涵年譜》，台北，台灣商務印書
　　館，1982。

張三夕，《批判史學的批判－劉知幾及其史通研究》，台北，
　　文津出版社，1992。

張孟倫，《中國史學史》，蘭州，甘肅人民出版社，上冊，1983；
　　下冊，1986。

張舜徽，《史學三書平議》，北京，中華書局，1983。

程千帆，《史通箋記》，北京，中華書局，1980。

傅振倫，《劉知幾年譜》，台北，台灣商務印書館，1967；北京，中華書局，1963。

───，《唐劉子玄先生知幾年譜》，台北，台灣商務印書館，新編中國名人年譜集成第17輯，1982。

趙光賢，《中國歷史研究法》，北京，中國青年出版社，1988。

廖曉晴，《史林巨匠：章學誠與史著》，瀋陽，遼海出版社，1997。

劉節，《中國史學史稿》，河南，中州書畫社，1982。

鄭先興，《史家心理研究》，開封，河南大學出版社，1997。

錢穆，《中國近三百年學術史》，上海，商務印書館，1948，三版。

───，《中國史學名著》①②，台北，三民書局，1973。

瞿林東，《唐代史學論稿》，北京師範大學出版社，1989。

───，《中國古代史學批評縱橫》，北京，中華書局，1994。

───，《史學與史學評論》，合肥，安徽教育出版社，1998。

───，《中國史學史綱》，北京，北京出版社，1999。

羅思美，《章實齋文學理論研究》，台北，台灣學生書局，1976。

羅炳良，《18世紀中國史學的理論成就》，北京，北京師範大學出版社，2000。

饒宗頤，《中國史學上之正統論》，台北，宗青圖書公司，1979。

（三）論文期刊

1.學位論文

王明妮，《史通修史觀述評》，輔仁大學中文所碩士論文，未
　　刊，1982。

白安理，《西方漢學家研究文史通義的商兌》，台灣大學中文
　　所博士論文，未刊，1982。

宋家復，《章學誠的歷史構想與比較研究》，台灣大學歷史所
　　碩士論文，未刊，1992。

林釧誠，《清章實齋六經皆史說研究》，高雄師範大學國文所
　　碩士論文，未刊，1984。

彭雅玲，《史通的歷史敘述理論》，政治大學中文所碩士論文，
　　1990，已刊。

楊志遠，《章實齋史學思想之研究》，東海大學史研所碩士論
　　文，未刊，1992。

2.一般論文

王長奇，〈章學誠史義論探微〉，《吉林師範大學學報（哲社
　　版）》，1990：2。

王義良，〈章實齋的文德論〉，《中華文化復興月刊》16：5，

1986。

甲凱，〈劉知幾與章學誠〉，《東方雜誌》復刊8：3，1974。

———，〈史法與史意〉，《輔大人文學報》第6期，1977。

———，〈歷史評論與歷史精神〉，《中華文化復興月刊》11：
　　7，1978。

白壽彝，〈劉知幾的史學〉，《北京師範大學學報》，1959：5。

———，〈鄭樵對劉知幾史學的發展〉，《廈門大學學報：社
　　科版》，1963：4。

李泉，〈史學便是史料學淵源得失論－傅斯年史學思想論稿之
　　一〉，《聊城師院學報：哲社版》，1991：3。

李紀祥，〈五十年來台灣地區《史通》研究之回顧〉，《五十
　　年來台灣的歷史學研究之回顧研討會》論文稿，1995。

宗廷虎，〈劉知幾的修辭觀〉，《揚州師院學報》，1988：12。

院芝生，〈試論司馬遷所說的「通古今之變」〉，《沈剛伯先
　　生八秩榮慶論文集》，1976.12。

余英時，〈章學誠文史校讎考論〉，《中央研究院歷史語言研
　　究所集刊》第六十四本，第一分，1993.3。

但燾，〈解惑篇〉，《國史館館刊》1：2，1969影印初版。

吳天任，〈劉知幾與鄭樵史學之探討〉，《東方雜誌》復刊22：
　　9，1989。

吳文治，〈劉知幾史通的史傳文學理論〉，《江漢論壇》，
　　1982：2。

林時民，〈劉知幾的時間觀念及其歷史撰述論〉，《大陸雜誌》

75：1，1987.7。

———，〈劉知幾「辨其指歸，殫其體統」與司馬遷「究天人之際，通古今之變，成一家之言」之關係與比較試論〉，《興大歷史學報》13，2002.7。

周予同，〈章學誠「六經皆史說說」初探〉，《周予同經學史論著選集》，上海，人民出版社，1996。

周啓榮等，〈學術經世：章學誠之文史論與經世思想〉，《近世中國經世思想研討會論文集》，台北，中央研究院近史所，1985。

———，〈史學經世：試論章學誠《文史通義》獨缺〈春秋教〉的問題〉，《國立台灣師範大學歷史學報》第18期，1990。

周朝民，〈傅斯年的「史學便是史料學」觀點評析〉，《中國文化月刊》153期。

金毓黻，〈論史通之淵源及其流別〉，《制言》54，1939。

邱添生，〈劉知幾的史通與史學〉，《國立台灣師範大學歷史學報》第9期，1981。

施丁，〈章學誠的史學思想〉，《史學史研究》，1981：3。

———，〈中國史學經世思想的傳統〉，《史學史研究》，1991：4。

胡逢祥，〈史學的經世作用和科學性〉，《探索與爭鳴》，1992：2。

胡楚生，〈章學誠與邵晉涵之交誼及論學〉，《文史學報》（中興大學）第15期，1985。

洪業，〈史通點煩篇臆補〉，《燕京大學史學年報》2：2，1935。

———，〈「韋弦」「愼所好」兩賦非劉知幾所作辨〉，《中央研究院史語所集刊》第28本，下冊，1957。

洪煥春，〈南宋方志學家的主要成就和方志學的形成〉，《史學史研究》，1986：4。

姜勝利，〈劉、章史識論及其相互關係〉，《史學史研究》，1983：3。

孫欽善，〈劉知幾在古文獻學上的成就〉，《文獻》，1988：4。

———，〈章學誠的古文獻學思想和成就〉，《北京大學學報（哲社版）》，1989：5。

徐復觀，〈論史記〉，《大陸雜誌》55：5、6，1977。

宮廷章，〈劉知幾史通之文學概論〉，《師大月刊》第2期，1933。

倉修良，〈章學誠與浙東史學〉，《中國史研究》，1981：1。

———，〈史德史識辨〉，《中華文史論叢》，1979年第3輯。

黃兆強，〈同時代人論述章學誠及相關問題之編年研究〉，《東吳文史學報》第9期，1991。

張其昀，〈劉知幾與章實齋之史學〉，《學衡》第5期，1922。

張哲郎，〈道德判斷與歷史研究〉，《中西史學史研討會論文集》，台中，中興大學歷史系，1986。

張振珮，〈劉知幾史學理論初探〉，《貴州文史叢刊》，1986：3。

陳其泰，〈《文史通義》傳統史學後期的理論探索〉，《史學史研究》，1988：3。

許倬雲，〈說史德〉，《求古編》，台北，聯經出版事業公司，

1982。

許凌雲，〈劉知幾的史料學思想〉，《史學史研究》，1990：2。

———，〈劉知幾關於史漢體例的評論〉，《史學史研究》，
1985：4。

———等，〈《文史通義》的著述宗旨〉，《史學史研究》，
1990：4。

莊萬壽，〈史通著錄版本源流考〉，《中國學術年刊》9，1987。

———，〈劉知幾的實錄言語觀〉，《第二屆唐代文化研討會
論文集》1995。

———，〈劉知幾實錄史學與孔子思想的關係之研究〉，《中
國學術年刊》第10期，1988。

———，〈全面研析史通各領域的問題〉，《中央日報》，1994.8.9
～10，第19版。

溫公頤，〈劉知幾的論證邏輯〉，《中國中古邏輯史》，上海，
人民出版社，1989。

傅振倫，〈劉知幾之生平〉，《學文雜誌》1：4，1931。

———，〈章學誠在史學上的貢獻〉，《史學月刊》，1964：9。

———，〈章學誠的方志學〉，《中國史志論叢》，浙江人民
出版社，1986。

彭雅玲，〈史通的歷史語言觀及其限制〉，《第二屆唐代文化
研討會論文集》，1995。

逯耀東，〈從隋書經籍志史部的形成論魏晉史學轉變的歷程〉，
《食貨月刊》10：4，1980.7。

───，〈經史分途與史學評論的萌芽〉，《大陸雜誌》71：6，1985。

───，〈史通疑古、惑經篇形成的背景〉，《當代》第1期，1987。

喬治忠，〈章學誠方志學理論的形成和發展〉，《史學史研究》，1986：3。

───，〈《史通》編撰問題辯正〉，《中國歷史文獻研究（一）》，武昌，華中師範大學出版社，1986。

董淮平，〈章學誠與柯林武德史學思想比較散論〉，《四川大學學報（哲社版）》，1992：1。

路新生，〈章學誠思想體系中的消極面〉，《華東師範大學學報（哲社版）》，1992：5。

雷家驥，〈從劉知幾「明鏡說」析論傳統史學理念的一個模式〉，《東吳文史學報》第9期，1991。

趙英，〈《史通》新論〉，《內蒙古大學學報：哲社版》，1992：2。

趙俊，〈劉知幾對史學批評的反思〉，《遼寧大學學報》，1991：4。

───，〈《史通》方法論〉，《華東師範大學學報》，1998：3。

───，〈《史通》中所見之史學批評範疇〉，《江漢論壇》，1992：8。

翦伯贊，〈論劉知幾的史學〉，《中山文化季刊》2：2，1945。

劉漢屏，〈章學誠〉，《中國史學家評傳》中冊，河南，中州

古籍出版社，1985。

———，〈章學誠是清中葉啓蒙思想家的前驅〉，《史學月刊》，
　　1984：1。

蔣義斌，〈章學誠《文史通義》〈書教〉篇論記注〉，《史學
　　與文獻㈢》，台北，東吳大學歷史學系，2001。

閻沁恆，〈劉知幾的疑古惑經說與歷史的求真〉，《中央研究
　　院國際漢學會議論文集》，1981。

繆全吉，〈章學誠議立志（乘）科的經世思想探索〉，《近世
　　中國經世思想研討會論文集》，台北，中央研究院近史所，
　　1985。

瞿林東，〈史法與史意〉，《文史知識》，1991：4。

———，〈讀史通札記〉，《史學史研究》，1982：2。

蘇淵雷，〈劉知幾、鄭樵、章學誠的史學成就及其異同〉，《上
　　海師範大學學報》，1997：4、1980：2。

蘇慶彬，〈章實齋史學溯源〉，《新亞學報》8：2，1968。

龔鵬程，〈史通析微〉，《幼獅學誌》20：4，1989。

———，〈文史之儒：章實齋〉，《淡江大學中文學報》創刊
　　號，1992。

二、日文部分

三田村泰助，〈章學誠の「史學」の立場〉，《東洋史研究》

12：1，1952。

大濱皓，《中國、歷史、運命－史記と史通》，東京，勁草書
　　房，1975。

內山俊彥，〈劉知幾の史學思想〉，《日本中國學報》第23集，
　　1971。

內藤戊申，〈劉知幾の史論に就て〉，《東洋史研究》2：2。

內藤湖南，《支那史學史》，東京，弘文堂，1949。

井貫軍二，〈劉知幾の史才三長に就いて〉，《史學研究》11：
　　3、4。

井邊一家，〈章學誠の方志學〉，《史淵》5，1932。

田中萃一郎，〈劉知幾の歷史研究法〉，《田中萃一郎史學論
　　文集》，東京，三田史學會，1932。

西脇常記，〈劉知幾－史評者の立場－〉，《人文》第ＸＸＸ
　　（30）集，京都大學教養部，1984。

———譯註，《史通內篇》，東海大學出版會，1989。

貝塚茂樹，〈中國史學理論の特質－劉知幾の史通そ中心とし
　　て〉，《貝塚茂樹著作集》第七卷《中國の史學》，東京，
　　中央公論社，1977。

岩井忠彥，〈中國の史學と時間の觀念－史通の場合〉，《歷
　　史教育》17：7。

———，〈「史通」の思想的立場にっいて〉，《兵庫縣社會
　　科學研究會誌》第16號，1969。

岡崎文夫，〈章學誠の史學大要〉，《史學研究》第2卷，1931。

———，〈章學誠－其人と其學〉，《東洋史研究》8：1，1943。

島田虔次，〈歷史的理性批判－「六經皆史」の說〉，《哲學
　　IV－歷史の哲學》，岩波書店，岩波講座第十八分冊。

河田悌一，〈清代學術の一側面－朱筠、邵晉涵、洪亮吉そし
　　て章學誠－〉，《東方學》第57輯。

———，〈乾嘉の士大夫と考證學〉，《東洋史研究》42：4。

室賀信夫，〈章學誠とその方志學〉，《地理論叢》7，東京，
　　古今書院。

高田淳，〈章學誠の史學思想にっいて〉，《東洋學報》47：
　　1，1964。

高橋武雄，〈中國における普遍史論の一展開〉，《史學研究》
　　11，1952。

宮崎市定，〈章學誠の文章論〉，《宮崎市定全集》第14冊，
　　東京，岩波書店。

鈴木啓造，〈《史通》の勸善懲惡論〉，《歷史における民眾
　　と文化－酒井忠夫先生古稀祝賀記念論集》，東京，國書
　　刊行會，1982。

福島正，〈「史通」疑古篇論考〉，《中國思想史研究－湯淺
　　幸孫教授退官記念論集》第4號，京都大學，1981。

榎一雄，〈史通の成立にっいて〉，《國學院雜誌》77：3，1976。
　　又收於《人文》第30集，京都大學，1984。

稻葉一郎，〈史通淺說－唐代史官の史學理論〉，《東洋史研
　　究》22：2。

────，〈中唐における新儒學運動の一考察－劉知幾經書批判と啖助、趙匡、陸淳の春秋學〉，《中國中世史研究》，日本，東海大學出版會，1970。

────，〈《史通》の成立－その文獻學的考察〉，《關西學院創立百周年文學部記念論文集》，平成元年。

豬飼敬所，《史通通釋補正》，日本，皇都書房，1927。

三、西文部分

（一）Books

1.W.G. Beasley & E.G. Pulleyblank. eds., *Historians of China and Japan* (London：Oxford University Press, 1961)

2.D.S. Nivison, *The Life and Thought of Chang Hsueh-Ch'eng* (1738-1801)，台北，虹橋書局翻印本，1973.

（二）Articles

1.William Hung, "A Bibliographical Controversy at the T'ang Court A.D. 719" in *Harvard Journal of Asiatic Studies* (1957), pp.74-134.

2.────, "The T'ang Bureau of Historiography before 708" in *HJAS*

23 (1960-1961), pp.93-107.

3. ——, "A T'ang Historiographer's Letter of Resignation" in *HJAS* vol. 29 No.1 (1969), pp.5-52.

4.P. Demieville, "Chang Hsueh-Ch'eng and his Historigraphy" in W.G. Beasley & E.G. Pulleyblank, eds., *Historians of China and Japan*. pp. 167-185.

附錄一：劉知幾、章學誠學行編年簡表

歲 數 \ 人 物	劉知幾（661-721）	章學誠（1738-1801）
一	唐高宗龍朔元年（661）生 生於官宦之家，書香門第。 曾祖劉珉爲北齊睢陽太 守，祖劉務本爲隋留縣長。 從祖劉胤之少有學業，與 李百藥（565-648）爲忘年 交。永徽初，累轉著作郎、 弘文館學士，與令狐德棻 （583-666）等撰成國史及 實錄。從父延祐，刀筆吏 能爲畿邑之冠，嘗爲箕州 刺史。父藏器，有詞學。 高宗時爲侍御史。兄知柔， 少以文學知名，美豐儀。 長知幾十三歲，歷任尚書 右丞、工部尚書等職，卒 贈太子少保，諡曰文。	清乾隆三年（1738）生 生於官宦之家，書香門第。 其祖如璋候補經歷，其父 鑣，乾隆七年（1742）進 士，於學誠曾親自授讀。 是年其師朱筠10歲，戴震16 歲。

一一	唐高宗咸亨二年（671） 　　父藏器授以《春秋左氏 　　傳》，期年講誦都畢	
一二	唐高宗咸亨三年（672） 　　讀《左傳》畢，繼觀餘部。 　　許敬宗卒。	
一三	唐高宗咸亨四年（673） 　　上詔劉仁軌等改修許敬宗 　　等所記國史，知幾續讀諸 　　史，以廣異聞。觸類而觀， 　　不假師訓。	
一四	唐高宗上元元年（674） 　　知幾續讀諸史。	乾隆十六年（1751） 　　與俞氏婚，四子書尚未卒 　　業。其父獲派湖北應城縣 　　知縣，五年後丟官。
一六	唐高宗儀鳳元年（676） 　　知幾續讀諸史。	乾隆十八年（1753） 　　知識漸通，好泛覽，性情 　　已近史學。
一七	唐高宗儀鳳二年（677） 　　自十二歲後，治讀《史》 　　《漢》《三國志》，以迄 　　《唐朝實錄》，旁治古今 　　沿革、曆數。至是觀覽略 　　遍，然求仕進，未暇專心 　　向史。	乾隆十九年（1754） 　　秋冬間購得《韓文考異》， 　　雖未盡解，愛好不忍釋手。
二○	唐高宗永隆元年（680） 　　舉進士。授獲嘉縣主簿（正	乾隆二十二年（1757） 　　購得吳注《庾開府集》，

	九品下），由是公私借書，恣情披閱，除正史外，兼及雜記小說，辨其異同，盡其利害。至聖曆二年（699），始至京都任右補闕及定王府倉曹。	受其父教示，此後觀書，遂能別出意見，不爲訓詁牢籠，雖時有鹵莽之弊，而古人大體乃實有所窺。氏曾自言：二十歲以前，性絕駑滯，二十一、二後駸駸向長，縱覽群書，而史部之書乍接於目，便似夙所攻習然者。
二三	唐高宗弘道元年（683）職官同前，是年十二月高宗崩。	乾隆二十五年（1760）始出遊，後至北京應順天鄉試，未中。
二四	唐中宗嗣空元年（684）武后廢中宗，立豫王旦爲皇帝，居於別殿，是爲睿宗。武后臨朝稱制。知幾獲嘉主簿如故。	乾隆二十六年（1761）氏曾自言：廿三四時所筆記者今雖亡矣，然論諸史於紀表志傳之外，更當立圖，列傳於儒林文苑之外，更當立史官傳。
二五	武后垂拱元年（685）知幾職官同前。	乾隆二十七年（1762）北上應順天鄉試。冬，始肄業於國子監，祭酒以下不先生齒，同舍諸生視之如無物。
二七		乾隆二十九年（1764）作〈修志十議〉，開後來志業之先路。
二八		乾隆三十年（1765）

		始見劉知幾《史通》，朱筠提拔後進，爲之宣揚，京師漸有知名者。
三一	武后天授二年（691）知幾上疏沙汰尸祿謬官並上疏陳刺史非三年以上不可調官。知幾年過而立，獲交徐堅等諸益友。	乾隆三十三年（1768）父逝，貧不能奔喪。應鄉試，中副榜。
三二	武后長壽元年（692）武后大殺唐宗室，專任威刑，以禁異議，故來俊臣輩希旨濫刑，窮極凶酷，知幾友徐堅、朱敬則上疏，勸以寬和，武后善之而不改。	
三四		乾隆三十六年（1771）識邵晉涵，與論史學，契合隱微，盛推其從祖邵廷采所著《思復堂文集》。
三五	武后證聖元年（695）是年詔九品以上陳得失，獲嘉縣主簿，劉知幾上表陳四事又作〈思慎賦〉（一說三八歲作）。	乾隆三十七年（1772）始作《文史通義》。
三六		乾隆三十八年（1773）編《和州志》，翌年成。與戴震論史事，多不合。

三九	武后聖曆二年（699）	乾隆四十一年（1776）
	知幾至京都任右補闕及定王府倉曹，旋即參預修《三教珠英》。	困居北京，援例授國子監典籍。
四○	武后久視元年（700）定王府倉曹（正七品上）知幾豫修《三教珠英》。	乾隆四十二年（1777）主講定武書院，修《永清縣志》，秋入京應順天鄉試，中式。戴震於是年卒。
四一	武后長安元年（701）《三教珠英》并目千三百一十三卷成。	乾隆四十三年（1778）成進士，自以為與時俗不合，不願仕祿，故仍貧困如故。
四二	武后長安二年（702）知幾及劉允濟嘗論史官之職責與尊嚴，文可見《唐會要》卷六三。知幾以著作佐郎兼修國史，尋遷左史，撰起居注。	乾隆四十四年（1779）遇危疾。是年七月《永清縣志》成，並著《校讎通義》四卷，秋後，館座師梁國治家課其子讀。
四三	武后長安三年（703）是年知幾等合修《唐史》八十卷成。張昌宗誣魏元忠反，引鳳閣舍人張說，賂以美官，使證元忠反狀。左史知幾因誡以無污青史。知幾答禮部尚書鄭惟忠書，謂史才須有才學識三長。時人以為知言。其	乾隆四十五年（1780）仍館梁國治家，冬辭，歲事殊窘。

	友朱敬則上〈請擇史官表〉。	
四四	武后長安四年（704） 　撰《劉氏家史》《譜考》成。當年擢爲鳳閣舍人。修史如故。	乾隆四十六年（1781） 　遊河南歸，中途遇盜，生平撰者不存一篇。《校讎通義》亦失，幸前三卷有朋友抄存之，第四卷不可復得。自此後，有撰述必留副草。其師朱筠是年卒，年五三，實齋轉授清彰書院。
四五	唐中宗神龍元年（705） 　正月武后傳位於中宗，十一月武后崩。韋后用事，知幾以本官兼修國史，又除著作郎、太子中允、率更令，知幾與徐堅、吳兢等奉命重修《則天實錄》，編爲卅卷。並開始著《史通》，備論史策之體。	乾隆四十七年（1782） 　氏主講永平敬勝書院。作〈朱先生墓誌銘〉。
四六	唐中宗神龍二年（706） 　五月奏上《則天實錄》廿卷，《文集》百廿卷，十月中宗由東都洛陽至西京，知幾仍留洛陽，私自撰述。	乾隆四十八年（1783） 　春，臥病京寓，頗危急，邵晉涵載至其家，延醫治之，病中常與邵氏論學。愈後，仍主講敬勝書院。
四七	唐中宗景龍元年（707）	乾隆四十九年（1784）

	知幾留洛陽，知幾友吳兢為宗楚客誣奏相王及太平公主與太子重俊謀事而上疏切諫。	應保定蓮池書院之聘，是年有《甲辰存錄》。
四八	唐中宗景龍二年（708） 知幾奉驛召至西京，領史事，時宰相監修國史，知幾嫉非直筆，上書蕭至忠，請罷史任，至忠不許。知幾為修文館學士。	乾隆五十年（1785） 仍主講蓮池書院。作〈與周篔谷書〉〈刻太上感應篇〉及〈書後〉。
四九	唐中宗景龍三年（709） 知幾遷秘書少監（從四品上）修史如故。續修《史通》，是年其友朱敬則卒，年七五；元行沖撰《魏典卅卷成。	乾隆五十一年（1786） 仍在蓮池書院。
五〇	唐睿宗景雲元年（710） 韋后弒中宗，臨朝稱制，臨淄王隆基定亂，睿宗即位，太平公主用事。知幾作《史通・序》，書成，凡廿卷。知幾累遷太子左庶子，兼崇文館學士，仍依舊修國史，加銀青光祿大夫。	乾隆五十二年（1787） 辭蓮池書院講席，門人史餘村第進士。仲冬，因周震榮之紹介，見畢沅，受厚待。
五一	唐睿宗景雲二年（711） 知幾《史通》書成，見者	乾隆五十三年（1788） 主講歸德府文正書院，編

	詆之，知幾作〈釋蒙〉拒之。時皇太子將釋奠國學，有司草儀注，令從臣乘馬著衣冠。知幾上〈衣冠乘馬議〉。皇太子從之，定爲常式。	《史籍考》，並作〈論修史籍考要略〉、〈與洪稚存書〉〈徐尙之古文跋〉〈報孫淵如書〉等，後文云：「盈天地間，凡涉著作之林，皆是史學」。
五二	唐玄宗先天元年（712）睿宗傳位太子隆基。知幾如前修史，與柳沖等撰《姓族系錄》	乾隆五十四年（1789）續著《文史通義》。
五三	唐玄宗開元元年（713）玄宗誅太平公主之黨，賜太平公主死於家。姚崇爲相。知幾修史如故，《姓族系錄》成，凡二百卷奏上。	乾隆五十五年（1790）二月，《亳州志》書成，氏甚得意之，惜佚，《文史通義》中僅存少數殘稿。
五四	唐玄宗開元二年（714）知幾遷左散騎常侍（正三品下）修史如故。續增刪《史通》。	乾隆五十六年（1791）仍在武昌爲畢沅編《史籍考》，並續撰《文史通義》，如〈史德〉〈讀史通〉等等，皆成於是年。
五五	唐玄宗開元三年（715）知幾修史如故，其友吳兢拜諫議大夫，依前修史。	乾隆五十七年（1792）仍編上揭書，作〈與邵二雲論修宋史書〉等重要文章。惜其中所言〈圓通〉篇未成，《宋史》亦未成書。

五六	唐玄宗開元四年（716） 知幾吳兢等撰《睿宗實錄廿卷、《則天實錄》卅卷、《中宗實錄》二卷成，知幾受封居巢縣子。	乾隆五十八年（1793） 仍編上揭書，由亳州歸本鄉會稽，後又出游揚州、桐城、安慶等地。
五七	唐玄宗開元五年（717） 修史如故。	乾隆五十九年（1794） 《湖北通志》脫稿。
五八		乾隆六十年（1795） 作〈瀚雲山房〉〈乙卯藏書目記〉〈跋甲乙賸稿〉〈與阮學使（元）論求遺書〉等。游揚州。
五九	唐玄宗開元七年（719） 知幾上諫：《孝經》鄭氏學，非鄭玄注。《易》無子夏傳，並黜老子河上公註，推王弼注為優。	嘉慶元年（1796） 收揚州時所作文統名曰《邗中草》，並有〈與汪輝祖書〉〈史姓韻編〉〈二十四史同姓名錄〉〈古文公式〉等，都有重要言論。
六〇		嘉慶二年（1797） 投曾燠，厚遇章氏，有〈贈章實齋國博〉詩，寫其貌醜。
六一	唐玄宗開元九年（721） 十一月友元行沖上《群書四錄》，凡四八一六九卷。知幾因長子睍事，貶授安州都督府別駕（正四品），	嘉慶三年（1798） 補修《史籍考》，惜此書亦未傳，並有〈立言有本〈述學駁文〉〈上辛楣宮簷書〉〈上石君先生書〉

	不久即卒於安州。後數年，玄宗敕河南府就家寫《史通》以進，讀而善之，追贈牧郡太守，尋又贈工部尙書，謚曰文。	〈論文辨僞〉諸多篇章。
六二		嘉慶四年（1799）乾隆崩，嘉慶親政，和珅賜死，氏於是年有論時政六文。
六三		嘉慶五年（1800）病瞀，猶事論著，是年作〈邵與桐別傳〉〈浙東學術〉等文。
六四		嘉慶六年（1801）夏，爲汪輝祖作〈豫室誌〉，卒于十一月。

資料來源：周品瑛，〈劉知幾年譜〉、傅振倫，《劉知幾年譜》、張振珮，〈劉知幾學行編年簡表〉、胡適著、姚名達補訂，《章實齋先生年譜》。表中大都僅選擇與史事有關者，餘則不納。

附錄二：史家類型試論：以
劉知幾爲例

壹、前　言

　　在史學史上，成名的史家甚多，單以渺遠的上古而論，見諸文獻者，即有百人以上。❶歷秦漢魏晉之後，史學愈加發達，史家人數更加龐大，迄於近代，則有專編史家辭典，收羅萬眾之多。❷在這古往今來，歷代傳承的史家當中，不乏鼎鼎大名，影響百代的大史家，如遠古之南史、董狐；中古之史遷、班固；近古之陳承祚、范蔚宗、劉子玄、杜君卿（735-812）；近世

---

❶　金靜庵，《中國史學史》（台北：鼎文書局，1974重排本），頁10~13。
　　舉出上古史官見諸文獻者有78人；席涵靜，《周代史官研究》（台北：
　　福記文化公司，1983）則更進一步統計出129人之多。其中屬於王室者
　　56人，屬於諸侯者47人，不能確定者26人。亦可參杜師維運，《中國
　　史學史》（台北：三民書局總經銷，1993）第一冊，頁42。
❷　周偉洲主編，《中國當代歷史學學者辭典》（西安：西北大學出版社，
　　1994）收有當代歷史學者3450人。

之司馬光、歐陽修、胡三省、萬斯同、王夫之（1619-1692）、
章學誠等，至現代則有梁任公（1873-1929）、陳寅恪（1890-
1969）、陳垣、顧頡剛（1892-1980）等等，皆是各擅所長，
名垂青史的大學者，他們付諸一生精力，對史學精研獨到，故
多能成就名山之業、一家之言。

　　然而上舉這些史家，雖各自輝耀於史學發展史上，其中卻
決無絕對相類者，他們的成就不一，其人格事蹟亦不相仿。筆
者擬從中選取唐代史官劉知幾（661-721，A.D.）嘗試從歷史
脈絡、家學淵源、社會條件、同道砥礪及其個人志趣，結合心
理學常識以析述劉知幾作為史家，其特色使他應歸入何種類型
最為適切？以俾更能瞭解劉知幾及其史學。

貳、社會、家庭與劉知幾的史家人格

　　《新唐書》記劉知幾云：「生於唐高宗龍朔元年（661），
卒於玄宗開元九年（721），終年六十歲。徐州彭城（今江蘇
省銅山縣）人」❸，從此一記載，可知劉知幾主要生活在武則
天的時代，這是一個介於「貞觀之治」與「開元之治」的時代，

---

❸　《新唐書·本傳》（台北：鼎文書局，1979），頁4519。更詳細則可
　　參傅振倫，《劉知幾年譜》（台北：台灣商務印書館，人人文庫本，1967
　　台一版）或周品瑛，〈劉知幾年譜〉，《東方雜誌》31：19（1934），
　　頁181~190。

也可以說是一個在「貞觀之治」的基礎上，繼續向前發展的時代，是一個從李淵建國，李世民大力經營，社會上呈現出政治穩定、生產進步、民族融洽、文化繁榮的一派昇平景象仍然未褪色，直迄開元（713-741）年間唐朝國力臻於極盛的年代，劉知幾即生逢其時。貞觀以來的盛世，尤其文化的繁榮，其中包括史學方面的成就，是劉知幾史學事業賴以產生、成長的客觀條件。❹

　　初唐的高祖、太宗甚知修史的重要。高祖於武德五年（622）在〈命蕭瑀等修六代史詔〉中，就明確提出「考論得失，窮盡變通，所以裁成義類，懲惡勸善，多識前古，貽鑒將來」，強調了史學的社會作用。太宗時又頒〈修《晉書》詔〉，更評價了以往的修史工作，予以肯定的讚賞。高宗時〈簡擇史官詔〉，則對撰寫史書者提出明確的要求，這三篇詔書反映了初唐帝王對修史的重視和寄望，政府也調動了大量的人力和物力，設館修史，其具體成就即是從太宗貞觀三年（629）到高宗顯慶四年（659），三十年間，修成八部紀傳體正史，即《梁書》、《陳書》、《北齊書》、《周書》、《隋書》（包括《五代史志》）、《晉書》和《南史》、《北史》。除此之外，同時還有「實錄」的編纂與本朝「國史」的修撰，成書的已有《高祖實錄》、《太宗實錄》各20卷，《貞觀實錄》20卷，及顯慶元

---

❹　許凌雲，《劉知幾評傳》(南京：南京大學出版社，1994)，頁4～6。本文特別強調唐代文化興盛，包括史學亦盛。

年長孫無忌（?-659）、于志寧（588-665）等修成「國史」81
卷等等，這份成績放在史學史來看，是相當可觀的，是廿四正
史的三分之一，也是截至唐朝時爲止的十三分之六，也就是從
《史記》而後的正史，至唐時所修，共十三部正史中，唐即佔
了六部，幾居一半，其中《南北史》後來才歸入正史，是在宋
時。否則，應是十三分之八。算一算歷代撰成正史者，即數唐
代最多了。❺

　　不僅唐代史學發達，上溯整個漢唐之間，史學都得到蓬勃

---

❺　成於漢者二，成於晉者一，成於南北朝者四，成於唐者八，成於五代
　　者一，成於宋者三，成於元者三，成於明者一，成於清者一。翦伯贊，
　　《史料與史學》(台北：宗青圖書出版公司，1978)，頁5。由上可見唐
　　代撰成的正史獨多。或謂史學發達不能只考慮計量，尚須考慮質的問
　　題，唐代因史館正式確立，故能量多，但質未必佳，尤其不能與前四
　　史並論。此論符合實情。從史學發展角度來看，套章學誠的話說，前
　　四史是撰述之業，其餘僅是記注之書，史學的發展似乎每下愈況。然
　　撇開前四史而論，唐代官修之史在二十五正史來看，質也不是最差的。
　　以劉知幾的見解來說，魏收《魏書》號爲穢史，沈約《宋書》被評「多
　　妄」，皆在唐修八史之下；較之後世之《宋史》、《元史》(舊)亦皆過
　　之而無不及。劉知幾生於量多質亦未必差的唐代，應是魏晉隋唐以來
　　史學較爲發達的時代。再者，唐代正史較多，並不能單純解爲機遇的
　　問題。言者或謂唐代之前每朝新立必爲前代修史之制未定，到了唐代
　　自然遺下許多爲前朝修史的工作可做，故是機遇問題。除《隋書》是
　　唐代應修之史外，其他諸史並非一定要唐代官局來修始可，唐代量多
　　有時有現實的政治考量，如鞏固李氏政權，藉機獎掖風流，拉攏士人
　　之心等等，是其修八史之主因，其中尤以重修《晉書》最爲明顯，可
　　參張孟倫，《中國史學史》(蘭州：甘肅人民出版社，1986)下冊，頁17~30。

的發展，此期間史著的增多，從《漢書·藝文志》的著錄到唐時所修的《隋書·經籍志》的登載❻，即可知道著述興盛，另史學新領域的開拓，史學的獨立以及史學本身的日趨完備，都在此期間得到空前的發展。然此間之史學，從內容到形式、從思想到方法，也出現了不少問題，需要認眞加以檢討、總結。舉例而言，諸如在修史問題上，是魏晉以往的私家修史好？還是以後的官家修史好？如在史書編撰的問題上，是以編年爲「古史」的體裁好或以紀傳爲「正史」的體裁佳？都必須認眞去探討分析，做理論上的總結。又如史家的修養問題上，也是如此。是堅持直書還是可以曲筆？也是可以提出討論的。總之，史學經過漢唐的發展，質、量均提昇許多，是到了一個可以作總結的時候。然總結的工作，涉及之知識層面甚廣，時間跨度亦長，誠如劉知幾所說的「苟非命世大才，孰能刊正其失？」❼，即謂非博學通識，恐無法勝任。然時代在等待在呼喚如此一位理論史家的出現，正是與時俱增的。

　　史家人格的形成與發展，與社會是密切相關的。社會的文化傳統爲史家人格的形成與發展提供了思想的條件。當一個社會重視文化，重視史學的傳統時，就爲史家人格提供了溫床❽。劉知幾的時代，正如前述，是提供了劉知幾形成史家人格的絕

---

❻　《漢書·藝文志》尚無史部，附在春秋家下，所有也不過11部，計423篇。《隋書·經籍志》著錄史部之書凡817部13264卷。

❼　《史通釋評·自敍》（台北：華世出版社，1981），頁335。

❽　鄭先興，《史家心理研究》，頁166~167。

佳機會，換句話從相對的立場而言，是時代正在呼喚像劉知幾這樣的史家人格孕育而出，應勢而生。❾

其次，社會生活環境也為史家人格的塑造，提供了經濟條件和途徑，史家人格，無論何種類型，具體言之，到底是一種高級的需要（need）。所以穩定的社會，充裕的生活，是造就史家的必備條件。中外史學史上，大多數的史家大都出身於社會上層，或官宦之家，或貴族之家，或商賈之家，不管是何種來源，總之大都是殷實富足之家，他們基本上可以不必為衣食

---

❾ 陳仲庚，張雨新，《人格心理學》（瀋陽：遼寧人民出版社，1986），頁50。有云：人格是人的內心欲望和外在行為的完整結合，是芸芸眾生裏一個獨具特色的統一體，是社會生活中流露出的品德情操。正如心理學家所指出的，「人格是個體內在的行為上的傾向性。它表現一個人在不斷變化中的全體和綜合，是具有動力一致性和連續性的持久的自我，是人在社會化過程中形成的給予人特色的身心組織」。由此可知，人格表徵了人的主要面貌，是人內心欲望與外在行為的綜合反映；人格又是人的本質特點，是不同於人的內在屬性；人格是人的內心欲求，人的行為的動力；人格是人的行為規範，是人的品德和情操。「人格」的定義很多，據心理學家的考證，人格有五十多種解釋，本文僅作如上之界定。筆者以為人格特質通常在幼年時期即已形成，並且有其持久性，可透過教育或學習中學得，此一可塑性的特質，往往由於史家的學習不同，而形成不同的史家人格，一如政治人格也會由於政治學習的不同，而有權威性的或民主性的政治人格一般。人格特質與史家治史的相關性，一般而言並不容易測量，此乃由於人格直接測量不容易，而祇能從外顯的行為加以觀察。關於政治人格，可參許禎元，〈政治人格特質與影響因素探討－台灣地區軍事院校生的觀察〉，《思與言》40：3(2002.9)，頁268~269。

煩惱，而得以盡情遨遊於史海；也可以在較充裕悠閒的生活中，有更多的時間去思索去構想歷史的問題。劉知幾基本上即是屬於這種內涵的史家，於茲從兩方面來析述之。

首就唐朝史館制度來言，唐朝初建，「乃別置史館，通籍禁門。西京則與鷺渚爲鄰，東都則與鳳池相接。而館宇華麗，酒饌豐厚，得廁其流，實一時之美事」，可見唐代史官待遇優渥，名譽亦善，故「近代趨競之士，尤喜居於史職」。❿劉知幾入史館工作二十年，史館確實提供了經濟條件和途徑，塑造且發展了劉知幾的史家人格。西方史家吉本（Edward Gibbon, 1737-1794），出身貴族，大學畢業後任職政府機構，有豐厚的薪餉和充足的時間做研究，最終造就了他的史學人格，也是基於同理而發展的。⓫

另就劉知幾的出身家庭來言，劉知幾出身仕宦之家，書香門第。其曾祖劉珉爲北齊睢陽太守，祖父劉務本爲隋留縣長。知幾從祖父劉胤之少有學業。在隋時即與信都丞孫萬壽、宗正卿李百藥爲「忘年之友」。永徽初年，累轉著作郎、弘文館學士，曾與國子祭酒令狐德棻、著作郎楊仁卿等，一同撰成國史和實錄，並因之受封爲陽城縣男。知幾從父劉延祐弱冠即舉進士，其刀筆與文章，爲畿邑當時之冠。⓬其父劉藏器則是學行

---

❿　兩引皆見《史通釋評・史官建置》，頁364及372。

⓫　參鄭先興，《史家心理研究》，頁166。

⓬　《舊唐書・劉胤之傳》(台北：鼎文書局，1979)，頁4494~4495。

方正，時人稱賢，對知幾兄弟課教甚嚴。❸知幾兄弟有六人，知幾行四，俱進士及第，文學知名，可謂一門數傑，其兄弟於受學時，對知幾進學有益。❹尤其其兄知柔，「性儉靜，美風儀」❺，是一位學識豐厚，品德高潔，為官清正，且儀表非凡的兄長，知幾有兄如此，對自己的道德文章不會沒有良好的影響。

知幾生長在「鼓簧史撰，柱石邦家」的官宦之家和書香門第，父輩的誘導，兄長的感召，家庭的薰染，不難理解劉知幾飽受文化教育的青少年時期，對於他後來能醞釀出史家人格特質，實是其來有自。

除上述之外，猶可一談者，尚有他三十歲以後所交的朋友，對他型塑史家人格也有助因，這些朋友，在其心目中都是很有份量的，《史通‧自敘》曾說：

 及年以過立，言悟日多，常恨時無同好，可與言者。維

---

❸ 《史通釋評‧自敘》，頁333。其父傳可見《舊唐書‧劉胤之傳》，頁4495；另《新唐書》，頁5733。

❹ 《史通釋評‧自敘》：「嘗聞家君為諸兄講《春秋左氏傳》，每廢書而聽，逮講畢，即為諸兄說之……」，可證其父兄有授學進學之實。見頁333。本文談及知幾出身仕宦之家，書香門第，並強調從其曾祖以來即有史學家風，此點於當時恐不多；要當史家多為上司所選，並考撰寫名臣傳(見《史通‧覈才》)，通過始可，並無所謂社會競爭的現象。至於與劉氏同為出身書香世家者是否都規劃其人生為史家(官)，則恐須從《兩唐書》等等資料作全面統計及分析，始能得之，本文暫不及此，本文於此亦強調個人才性的重要。

❺ 《新唐書‧劉延祐傳附》，頁5733。

> 東海徐堅，晚與之遇，相得甚歡，雖古者伯牙之識鍾期，
> 管仲之知鮑叔，不是過也。復有永城朱敬則、沛國劉允
> 濟、義興薛謙光、河南元行沖、陳留吳兢、壽春裴懷
> 古，亦以言議見許，道術相知。所有榷揚，得盡懷抱。
> 每云：「德不孤，必有鄰，四海之內，知我者不過數
> 子而已矣。」❶

徐堅（659-729）、朱敬則（635-709）、劉允濟、薛謙光（647-
719）、吳兢（670-749）、元行沖（653-729）、裴懷古等七人，
在《兩唐書》都有列傳，記其學行❶，從其中吾人可以歸結出
此七君有兩點共通性格：一、好學喜史：如徐堅「好學，遍覽
經史，多識典故」；劉允濟「博學，善屬文」；薛「博涉文史」；
元「博涉多通」；吳「勵志勤學，博通經史」。二、耿直孤介：
元行沖「性不阿順，多進規誠」；朱敬則曾為魏元忠被張易之
兄弟構誣，將陷重辟一事，獨抗疏申理，顯示其耿直無畏權勢；

---

❶　《史通釋評·自敍》，頁334。
❶　徐堅，可見《舊唐書·本傳》，頁3175~3176。朱敬則，《舊唐書·本
　　傳》，頁2912~2918，其所上〈請擇史官表〉，可見之《唐會要》（台
　　北：台灣商務印書館，國學基本叢書，1968，台一版）卷63，修史官
　　條，頁1100。劉允濟，見《舊唐書·本傳》，頁5013。薛謙光，見《舊
　　唐書·本傳》，頁3136~3140。吳兢，《舊唐書·本傳》，頁3182；《新
　　唐書·本傳》，頁4525~4529。元行沖，《舊唐書·本傳》，頁3177~3181。
　　《新唐書·元澹傳》，頁5691~5693。裴懷古，見《新唐書·本傳》，
　　頁5625~5626，《舊唐書》則將其收入〈良吏傳〉，頁4807~4808。

劉允濟在垂拱四年（688）曾上〈明堂賦〉譏刺當局，武則天
反手制褒美。吳兢、裴懷古則皆良直廉信。凡此皆與劉知幾之
性格爲同一類型，故而很容易形成諸人心目中視彼此爲「我群」
（We Group）而同氣相求，並在學問人品方面，互有砥礪之
功。《史通》之撰作，亦因而有關聯。正因爲他們才德兼備，
在史學方面卓有成績。除《史通》可以不舉之外，吳兢之《貞
觀政要》至今熠熠生輝，他們於史館共修實錄、國史，亦有不
小貢獻。如長安三年（703）朱、徐、劉、吳撰修唐史，劉、
吳續成《高宗實錄》。中宗神龍元年（705），劉、徐、吳等重
修《則天實錄》，次年書成。玄宗先天二年（713），柳沖（?-717）
等撰成《姓族系錄》，主力是知幾、徐堅、吳兢。開元四年（716），
劉、吳等撰成《睿宗實錄》、《則天實錄》、《中宗實錄》。此外，
朱敬則撰有《十代興亡論》，徐堅有《初學記》，吳兢有《唐史》，
元行沖有《魏典》，劉允濟有《魯後春秋》，劉知幾有《劉氏家
史》等，則是各有其著。

再從此八君之史學觀點來看，他們有許多共同的史學見
解，譬如，都強調史學勸善懲惡的社會作用；都主張直書實錄；
都主張史家要具備才、學、識；他們學綜文史，善敘事，頗有
良史之材；在史館中，他們也都反對那些不學無術的監修，操
控修史權柄。❽因爲他們具有共同的特色，所以白壽彝、許凌
雲都認爲他們在史學領域裏，形成了一個道術相知的學派，並

---

❽　參許凌雲，《劉知幾評傳》，頁42。

肯定此學派具有進步思想，對八世紀的思想史研究有所助益。
❶雷家驥則以爲他們論道講學的背景都在所謂的史館修注院，
故乾脆賦與一個「館院學派」的名稱。❷逯耀東師在知幾諸友
的著作流傳不廣的條件下，更進而認爲知幾是他們史學思想的
總代言，《史通》則是他們史學經驗的結晶。❸

　劉知幾會變成史學史上有名的史家，歷史文化的傳統、社
會生活條件、家庭背景與史學同道都產生了作用。史家人格確
實與社會息息相關。

參、自我意識與劉知幾的學術型史家人格

　從史學史來看，造就史家人格有兩大重要因素，一是自我
意識，一是社會。後者在上節已陳述過了，此節專看史家的自

---

❶　白壽彝，〈劉知幾的史學〉，收於《中國史學史論集》（上海人民出
　　版社，1980）第二冊，頁58~112。許凌雲，《劉知幾評傳》，頁42。
❷　雷家驥，〈唐前期國史官修體制的演變——兼論館院學派的史學批評
　　及其影響〉，《東吳文史學報》第7期（1989.3），頁1~36。
❸　逯耀東，〈史通疑古、惑經篇形成的背景〉，《當代》第10期（1987.2），
　　頁66。又收入氏著《魏晉史學及其他》（台北：東大，1998），頁85
　　～104。人格特質可分爲個人特質和共同特質。此八君（含劉知幾）是
　　具有共同特質的。具體事例請參註16、17，或參傅振倫，《唐劉子玄
　　先生之幾年譜》（台北：臺灣商務印書館，新編中國名人年譜集成第17
　　輯，1982），頁40～48。人格共同特質之說則請參陳仲庚等，《人格
　　心理學》，頁57。

我意識。所謂的「自我意識」，就是自己對自己的察覺和觀察，意即自己認識自己的一切。包括認識自己的生理狀況（如身高、體重、形貌）、心理特徵（如興趣、愛好、能力、性格、氣質和情感等）、社會身分和知識水平等。自我意識是成就史家人格的重要因素，因為：

（一）史家人格是自我意識的產物。如孔子有心拯救天下，但多次碰壁，終於意識到自己能力有限，遂轉志於史學著述之業，成就了學術型人格。司馬遷身受腐刑之後，亦飲恨持志，撰成《史記》，成就了學術型人格。劉知幾亦如此，但其過程則待下文詳析。鄭樵（1104-1162）頻遭非議，但儀慕司馬遷，繼承通史家風，撰成《通志》，亦終究成就了學術型人格。

（二）史家人格的矛盾與衝突，亦源於自我意識。人生多彩，壯志非一，有的人身為史家，卻想為社會多做一些貢獻。其貢獻往往是非史學的。有的人身在他職，卻又想在史學上建樹一二，此即造成人格之間的衝突與矛盾。如司馬遷身為太史令，實乃管理型人格，而其志向則在與孔子一樣的社會型人格，但李陵一事，使其人格矛盾激化，最終身遭宮刑，而轉成學術型人格之史家。

（三）史家人格的轉向與瓦解都根植於自我意識。史家人格特質長於何者？是在社會文化上抑或社會管理上？是在民族發展上還是在倫理道德上？甚至在取得成就之後，是否仍致力於史學研究？這些都取決於史家的自我意識。吉本寫完《羅馬史》之後，即不再研究歷史了。年鑑學派布勞岱爾

（F.Braudel 1902-1985）做完地中海研究之後，仍繼續探討資本主義文明，這些都是他們的自我意識所致，沒有人能去干擾或阻止他們。❷❷

自我意識之於史家人格的形成與發展，既如上述，是那麼重要。於此，即用來探討劉知幾個人對於歷史志趣之所在，並析述其轉成學術型史家人格的過程。再結合上節所述，則較能全面地對劉知幾有一完整的認識。

劉知幾對史學的志趣，在青少年時期即已浮現。《史通·自敘》中劉知幾說：

> 予幼奉庭訓，早游文學。年在紈綺，便受《古文尚書》。每苦其辭艱瑣，難為諷讀，雖屢逢捶撻，而其業不成。嘗聞家君為諸兄講《春秋左氏傳》，每廢書而聽。逮講畢，即為諸兄說之。因竊嘆曰：「若使書皆如此，吾不復怠矣。」先君奇其意，於是授以《左氏》，期年而講誦都畢，於時年甫十有二矣。所講雖未能深解，而大意略舉。父兄欲令博觀義疏，精此一經。辭以獲麟已後，未見其事，乞且觀餘部，以廣異聞。次又讀《史》、《漢》、《三國志》。既欲知古今沿革，歷數相承，於是觸類而觀，不假師訓。自漢中興已降，迄乎皇家實錄，年十有七，而窺覽略周。其所讀書，多因假貸，雖部帙殘缺，

---

❷❷　鄭先興，《史家心理研究》，頁164~166。

篇第有遺，至於敘事之紀綱，立言之梗概，亦粗知之矣。

但於時將求仕進，兼習揣摩，至於專心諸史，我則無暇。

這一段〈自敘〉，大抵可以分三個階段來理解知幾青少年的學習過程。（一）、十二歲以前；（二）、十二歲到十七歲；（三）、十七歲到二十歲。劉知幾在十二歲以前，受教育的來源是家學，「幼奉庭訓，早游文學」，在兩唐書的本傳之中，我們未發現劉知幾有官學受學的記載，他在十一歲之前，受讀《古文尚書》，而其業不成，其父轉授《左氏》，則欣然領會，劉知幾的自述，讓我們知道十二歲之前，其性向即已近史。黃叔琳（1672-1756）說：「知幾幼時受《古文尚書》，業不進；聽講《春秋左氏》，則心開。異哉！同一學問之事，而胎性中各有著根處，不自知其所以然。後來領國史三十年，卒以史學垂名，豈所謂性也有命焉者耶！」❷❸浦起龍（1679-1760）也認為知幾與史為緣，殆由宿植而來。❷❹黃說「胎性」，浦說「宿植」，以今語釋之，亦即天生的稟賦，這種稟賦實即西人所謂的自然傾向（natural tendency）。劉知幾在受蒙初學之時，即將此近史傾向，表露無遺。當然，從另一方面來說，他不喜《古文尚書》而近《春秋》，從兩書之文辭結構來講，《尚書》「其辭艱瑣，難為諷讀」，而《左氏》文字優美，內容生動，寫戰爭，狀人物，敘事件，情趣橫生，自易於為人所接受，尤其對初學的幼年學子更是如

---

❷❸ 黃叔琳〈序〉，收在《史通釋評・別本序三首》，序頁20~21。

❷❹ 《史通釋評・自敘》，頁334。

此。他讀了《左傳》之後，即深深爲其中史事所吸引，而迫切地想要知道獲麟以後的史事，來廣增異聞。這中間，劉知幾的父親劉藏器，身兼老師之職，在觀察到知幾於《尚書》與《左傳》之間的反應不同時，「奇其意」許授《左氏》，這點從教育心理學的角度來看，順從劉知幾的性向興趣，而因材施教，對啓發劉知幾的史學志趣是幫助甚大的。我們看到劉知幾並非那種過目成誦的所謂神童，也非不學而能的先知，他還是「屢逢捶撻」而唸不出名堂的小孩，但在符合了性向所在的史學志趣之後，他唸書就開始越發順利了。因此，再看第二階段的十二歲到十七歲。

十二歲讀完《左傳》之後，他懷著濃厚的興趣，不斷追求，因此又續讀《史記》、《漢書》、《三國志》等書，「既欲知古今沿革，歷數相承，於是觸類而觀，不假師訓」。本來他的父兄在他看完《左傳》之後，要他「博觀義疏，精此一經」。《尚書》不好讀，也就作罷；既好《左傳》，因此而可精通《春秋》，父兄的指導，其實並不錯，古來學子做學問，多循此徑，唯劉知幾卻喜博覽古今群籍，想要了解古今之沿革，與曆數之相承，他採用「通古今之變」的方法，取代經學之箋注方式，確實有別於一般治學之途徑。更可貴的是他「觸類而觀，不假師訓」，觸類是循著史學史著的方向而自主前進，不假師訓則獨立治學，自動爲貴的精神，這種思想性格和學術作風，在其十來歲時即已逐漸發展、凝聚、累積，對往後的爲人爲學，實有重大作用。

劉知幾在〈自敘〉還說到：

> 自小觀書，喜談名理，其所悟者，皆得之襟腑，非由染
> 習。故始在總角，讀班、謝兩《漢》，便怪前書不應有
> 〈古今人表〉，後書宜爲更始立紀。當時聞者，共責以
> 爲童子何知，而敢輕議前哲。於是赧然自失，無辭以對。
> 其後見張衡、范曄集，果以二史爲非。其有暗合於古人
> 者，蓋不可勝紀。始知流俗之士，難與之言。凡有異同，
> 蓄諸方寸。㉕

這是他「不假師訓」的具體例證，在他青少年時即已對師訓表
現某種程度的懷疑和批判的精神。他強調「其所悟者，皆得之
襟腑，非由染習」，可見亦是天性近史才能有這種結果，而不
是本非其才，漸由日積月累的染習而得。

到十七歲時，「自漢中興已降，迄乎皇家實錄」都「窺覽
略周」，這表示他年紀不大，讀書量卻很大，前述已說漢唐之
間，史學之質、量均有大幅提升，而知幾則大半皆已周覽，且
其言「敘事之紀綱，立言之梗概，亦粗知之矣」。㉖難怪浦起
龍認爲他能以此與生俱來的宿植之優，在二十歲以前，即能「創
通全史，胸貯皂白」。㉗

㉕　《史通釋評·自敘》，頁334。

㉖　《史通釋評·自敘》，頁333。

㉗　《史通釋評·自敘》，浦釋，頁334。

　　十七歲到廿歲的第三階段，則因爲要準備科考，熟習場屋之文，所以無暇專心研史。他說：「但于時將求仕進，兼習揣摩，至於專心諸史，我則未暇」，而知幾聰明而且幸運，「洎年登弱冠，射策登朝」，在高宗永隆元年（680）即進士及第。在其人生過程中，展開嶄新的另頁。

　　知幾登第之後，經吏部考選，派任爲獲嘉縣（今河南省獲嘉縣）主簿（正九品下），對他而言，這是他首度踏出家庭而邁入社會或官場之中。換言之，知幾的歲月，家庭對他的影響力已逐漸由社會所取代。他在主簿一職任內，竟達十九年（680-699）未曾陞遷。由於獲嘉地近兩都，因而知幾得以「旅游京洛，頗積歲年，公私借書，恣情披閱。至如一代之史，分爲數家，其間雜記小書，又競爲異說，莫不鑽研穿鑿，盡其利害」。❷❸這對他在做學問的層次上，顯然有很大的進益。而學問的底子，視野的廣度，都因這段不短的時間內「公私借書，恣情披閱」而拓展甚多，對於他日後能參預史職，與具備撰述史書功力之養成，是有直接、積極的正面作用的。

　　武后聖曆二年（699），劉知幾調入京城，爲定王府倉曹，據《舊唐書·徐堅傳》云：「堅與給事中徐彥伯、定王府倉曹劉知幾、右補闕張說同修《三教珠英》」。修完後隔年，知幾即擢升爲著作佐郎兼修國史（從六品上），正式與史館結緣，

---

❷❸　《史通釋評·自敍》，頁334。劉知幾在A.D.699始轉任定王府倉曹（正七品上）之職，參傅振倫，《劉知幾年譜》，頁69~70。

是年為武后長安二年（702），知幾42歲。長安三年，擢升為門下起居郎，即為「左史」，撰起居注，後奉詔修《唐史》，但《唐史》之作，多非知幾本意。至此，劉知幾得償宿願，榮任史官，以前的「至於史傳之言，尤所耽悅」❷，「恥以文士得名，期以述者自命」❸都得到實現了。四十歲以前的劉知幾，近史嗜史的天性明顯易見，具備了史家人格的雛型；四十歲之後的劉知幾，史家人格更確定了，尤其三十歲之後，交了一批「言議見許，道術相知。所有權揚，得盡懷抱」的摯友，對於劉知幾的史家人格更具肯定的作用，劉知幾在史家群體當中，更知道自己身為史官的價值取向。

長安四年（704），劉知幾被擢為鳳閣舍人，暫停史職。是年，作《劉氏家乘》15卷及《譜考》3卷；中宗神龍元年（705），知幾45歲，除著作郎、太子中允率更令，兼修國史，並奉令修撰《則天實錄》。此時兼修貴臣仍是武三思、宗楚客等人，這些恩倖貴臣既無學行，又猜忌正士。知幾及其史學同道堅持據事直書的原則，自遭橫阻，故其理想抱負均無法實現，終至引起他「著述立言」「商榷史篇」的念頭，他在《史通·自敘》中回顧自己在史館修史的過往，不無感慨地說：

> 長安中，會奉詔預修《唐史》。即今上即位，又敕撰《則天大聖皇后實錄》。凡所著述，嘗欲行其舊議。而當時

---

❷　《史通釋評·忤時》，頁700。
❸　《史通釋評·自敘》，頁337。

同作諸士及監修貴臣，每與其鑿枘相違，齟齬難入。故其所載削，皆與俗浮沈。雖自謂依違苟從，然猶大爲史官所嫉。嗟乎！雖任當其職，而美志不遂，鬱怏孤憤，無以寄懷，必寢而不言，嘿而無述，又恐沒世之後，誰知予者。故退而私撰《史通》，以見其志。

劉知幾在史館工作甚不愜意，主要在於他想「凡所著述，常欲行其舊義」，也就是按《春秋》、《史記》之舊例來著史，但常爲不學無行的監修宰臣所橫加阻攔，如奉敕「修《武后實錄》，有所改正，而武三思等不聽」。❸不聽的理由，是在於直書與曲筆的抉擇問題，這是劉知幾與監修大臣們在修史指導思想上的根本分歧處。另外「同作諸士」有時也是一個問題，唐初史館聘用不少文士修史，僅有文采，不知史法。❸而最主要的是史館本身，劉知幾以爲史館小人當道，是非無準，眞僞相雜，直道不存，修史無日。所以他最終向宰臣監修提出「五不可」而欲辭職。❸劉知幾以爲自己雖然仍「見用於時」「任當其職」，卻又觸處荊棘，「美志不遂」，他想跟孔子、司馬遷一樣撰就一代不刊之典的宿願，永遠無法實現，所以他「鬱怏孤憤，無以

---

❸　《新唐書・劉知幾傳》，頁4519。

❸　關於此則，請參拙撰，《中國傳統史學的批評主義——劉知幾與章學誠》（台北：台灣學生書局，2002）第三章第三節〈文士修史評：銓綜陶鑄兼談史文〉有更詳細的內容。

❸　此有名的「五不可」，批判當時史館制度，詳可見於《史通釋評・忤時》，頁700~702。

寄懷」，退而私撰《史通》，以見其志，顯然是自我意識的轉折。

　　退而私撰《史通》，是他擁有史家人格特質以後，進一步形成學術型史家人格的關鍵之處。**㉞**也是他在學術事業與仕宦路途上一次果斷的抉擇，他「乞已本職，還其舊居，多謝簡書，請避賢路」**㉟**，以後出任太子中舍人，又爲修文館學士，解除史任之後，最重要的即是《史通》的刊世及流佈，爲中國史學留下一部重要的史評典著。

肆、結　論

　　以上本文從歷史脈絡、社會條件、家學淵源、個人志趣及同道砥礪，以史料爲主，嘗試以心理學的知識爲輔，析述劉知幾自小近史的天性，至中年入史館後史家人格的出現，一直到後來辭謝史職，私撰《史通》，才鑄就其學術性之史家特質。與筆者之前析述劉知幾之生平大要及其撰述《史通》之成因**㊱**，

㉞　史家研究歷史，論定是非，或頌贊，或批評，或平敍，皆激揚文字，形成論著，這種史家可稱爲學術型人格。史學史上，這類史家不勝枚舉，如宋鄭樵、清代章學誠等等皆是。這種分類，參鄭先興，《史家心理研究》，頁163。

㉟　《史通釋評・忤時》，頁704。

㊱　拙稿，〈劉知幾的重要生平與史通之撰成〉，《弘光護專學報》第12期（1984.6），頁41～47。後收入筆者，《劉知幾史通之研究》（台北：文史哲出版社，1987），頁19～30。

略有小異，本文一如標題所揭是從史家類型史家人格特質略加分析的，但因限於劉知幾距離今日已遠，史料缺乏，亦限於筆者心理學知識的水平，故本文仍就一定範圍內，略申淺見，不能視為心理史學範疇之述作，此亦絕非筆者撰述本文之初衷。基本上，本文仍是歷史學傳統的習作。

　　史家的類型，當然還有其他種類❸，但已非劉知幾所屬的類型——學術型。劉知幾若沒有「鬱怏孤憤，無以寄懷，必寢而不言，嘿而無述，又恐沒世之後，誰知予者？」的情結，致而勒成《史通》，貽諸後來，則止是一史館素餐的史官，只有在監修宰臣的領導下，集體撰述一些實錄、國史、起居注等史料而已，無論如何，也配不上學術型人格史家的稱呼。

---

❸　依鄭先興《史家心理研究》，頁163，所舉尚有社會型、管理型、倫理型、民族型四種。這種分類應仍不能盡括古來著名史家之人格型態，如品格低劣，卑鄙齷齪的不肖史家，故此處僅是一參考。